Déborah Rosenkranz
Ja zu dir

Über die Autorin

Déborah Rosenkranz tourt seit Jahren als Singer-Songwriterin und Autorin durch verschiedenste Länder der Welt.
Mit ihrer lebensfrohen und sehr nahbaren Persönlichkeit gewinnt sie die Herzen der Menschen schnell und nimmt sie mit in die Tiefen ihres starken Glaubens an Gott, der sie durch ihren turbulenten Lebenslauf getragen hat.
Sie ist Mitbegründerin einer Einrichtung für Frauen mit Essstörungen und lebt dafür, Menschen auf der Suche nach ihrer Identität zu helfen. 2016 gewann sie den *EMOTION.award* für „Soziale Werte" und 2020 war sie mit ihrem Hit „Brauche ich dich" ganze 25 Wochen erfolgreich in den Charts vertreten. Ihre öffentliche Plattform nutzt sie, um Menschen zu ermutigen und Hoffnung weiterzugeben.

DÉBORAH ROSENKRANZ

JA ZU DIR

52 Impulse mit Tiefgang, die das Leben leichter machen

INHALT

Vorwort 9

1. Mein Ja zum Heiligen Geist 13
2. Mein Ja zur Großzügigkeit 17
3. Mein Ja zum Geben 21
4. Mein Ja zur Ermutigung 25
5. Mein Ja zu meinen Schwächen 30
6. Mein Ja zu Prüfungen 34
7. Mein Ja zur Vorbereitungszeit 39
8. Mein Ja dazu, das Warten zu genießen 43
9. Mein Ja dazu, gehorsam zu warten 48
10. Mein Ja zur perfekten Liebe 53
11. Mein Ja zu seiner Stärke 57
12. Mein Ja zum Glauben an meinen Traum 61
13. Mein Ja dazu, meinen Traum „gehen zu lassen" 65
14. Mein Ja zur Gunst 69

15. Mein Ja zu durchdachten Entscheidungen 73
16. Mein Ja zu Gott 78
17. Mein Ja zu Fitness 82
18. Mein Ja zum Mut 86
19. Mein Ja zu meinem Wert 90
20. Mein Ja zur Ruhe 94
21. Mein Ja zu Fleiß 99
22. Mein Ja zur Meditation 103
23. Mein Ja zu meinem Ja 107
24. Mein Ja zum Glauben 111
25. Mein Ja zum Ausräumen 116
26. Mein Ja zur Zukunft 120
27. Mein Ja zu einem Leben im Licht 124
28. Mein Ja zu mir 128
29. Mein Ja zum Vertrauen bis zum Schluss 132
30. Mein Ja zur Ewigkeit 137
31. Mein Ja zur aktuellen Phase 141
32. Mein Ja zu mehr „Wumms" 145
33. Mein Ja zum Dranbleiben 150
34. Mein Ja zur Hoffnung 154

35. Mein Ja zum Hinhören 158

36. Mein Ja zur Sicherheit 163

37. Mein Ja zum richtigen Chef 167

38. Mein Ja zur Furchtlosigkeit 171

39. Mein Ja zur Ruhe 175

40. Mein Ja zur Urteilsfähigkeit 179

41. Mein Ja zum Hunger 183

42. Mein Ja zu meinem Scheinwerfer 188

43. Mein Ja zur Standhaftigkeit 192

44. Mein Ja zum Albtraum 197

45. Mein Ja zum Sieg 201

46. Mein Ja zu meiner Einzigartigkeit 205

47. Mein Ja zur Heiligkeit 210

48. Mein Ja zur Treue 214

49. Mein Ja zur felsenfesten Überzeugung 218

50. Mein Ja zur Zufriedenheit 222

51. Mein Ja zu göttlichen Gedanken 226

52. Mein Ja zu seiner Meinung 230

VORWORT

Dieses Buch soll für dich wie ein Brief sein, ein Liebesbrief. Denn jeder einzelne Impuls enthält eine persönliche Botschaft deines himmlischen Vaters an dich, die er dir durch die Bibel fest zugesagt hat. Die Texte sollen dich jede Woche daran erinnern, dass er immer an dich denkt, dich unendlich liebt und sich so sehr wünscht, die Beziehung zu dir zu vertiefen. Ganz einfach und unkompliziert. Er kennt dich, weiß, was du brauchst, und möchte immer nur dein Bestes!

Seitdem ich für mich selbst entdeckt habe, dass die Bibel ein einziger langer Liebesbrief ist, lese ich sie mit ganz anderen Augen beziehungsweise lese ich sie überhaupt erst so gern und intensiv! Und genau diese Freude an der Bibel möchte ich auch in dir entfachen.

Erinnerst du dich noch an den ersten Liebesbrief, den du je erhalten hast? Bist du damals nicht auch völlig aufgeregt, mit laut pochendem Herzen in dein Zimmer gerannt und hast dir dann jedes einzelne Wort auf der Zunge zergehen lassen? Du hast wahrscheinlich sogar noch versucht zu verstehen, was wohl hinter den einzelnen Wörtern steckte, was „zwischen den Zeilen" stand, und dich gefragt, ob da nicht noch viel mehr dahinter war ...

Was für ein Gefühl! Du konntest dieselben Zeilen hundert Mal lesen und warst immer noch völlig begeistert von ihnen – denn jetzt hattest du den Beweis dafür in den Händen, dass dieser Mensch dich wirklich liebte!

Und nun stell dir vor, dieser unfassbar großartige und liebevolle Gott, der alles geschaffen und in seiner Hand hat und dem alles möglich ist – dieser Gott liebt dich und will eine Beziehung mit dir aufbauen, die nichts und niemand erschüttern kann! Und „als Beweis dafür" hat er dir einen richtig langen Liebesbrief geschrieben! Einen Brief, in dem er dir das Versprechen gibt, dich immer zu lieben und nie zu verlassen. Dich zu suchen, wenn du dich verlierst. Ja, dir sogar dann treu zu bleiben, wenn du es nicht bist.

Gott weiß, wie oft du enttäuscht worden bist, und auch, dass es dir deswegen schwerfällt, jemandem voll und ganz zu vertrauen. Doch du kannst machen, was du willst: Er liebt dich! Und weil diese unendlich große, göttliche Liebe in ihrem ganzen Ausmaß so schwer zu fassen ist, habe ich sie dir in diesem Buch in wöchentliche „Häppchen" unterteilt, die dich ein Jahr lang begleiten sollen. Auf dich warten also wöchentliche Erinnerungen daran, welches große Potenzial Gott in dir sieht. Erinnerungen daran, dass du in seinen Augen viel wertvoller bist, als du denkst – und so viel stärker und weiser, als du denkst! Erinnerungen daran, dass du noch so viel mehr aus diesem Leben herausholen kannst, als du es bisher vielleicht getan hast. Ja, auf dich warten wöchentliche „Liebesbriefe": Briefe, die von Gottes Liebe erzählen – aus meinem Herzen zu deinem. Briefe, die dich in das befreite und erfüllte Leben führen möchten, das Gott für dich vorbereitet hat.

Lies sie dir in Ruhe durch und nimm dir Zeit für jedes Wort. Denn auch „zwischen den Zeilen" kann Gott zu dir ganz persönlich sprechen.

Nach jedem Input folgen zwei Fragen, die das Gelesene vertiefen sollen, sowie eine Anregung zum Rückblick auf die vergangene Woche. Geh die Fragen bewusst, aber ohne Druck durch, und mach dir am besten Notizen in dem vorgesehenen Platz auf der Seite. Du wirst es dir selbst später danken. Ich zumindest liebe es, wenn ich heute alte Kommentare in meinen Andachtsbüchern wiederfinde und dann anhand meiner damaligen Kämpfe erkennen darf, dass ich mich in der Zwischenzeit so viel weiterentwickelt habe und diese Themen überhaupt keine Kämpfe mehr für mich darstellen! So kann es dir später auch einmal gehen...

Zum Schluss bete jedes vorgeschlagene Gebet so mit, als seien es deine persönlichen Worte – oder finde deine eigenen zu dem jeweiligen Thema. Gib Gott jede Woche ganz bewusst *dein Ja*! Denn sein „JA ZU DIR" steht schon seit Anbeginn der Zeit. In diesem Sinne: Auf ein WUNDERvolles Ja(hr)!

Deine Déborah

MEIN JA
ZUM HEILIGEN GEIST

„Und der Vater wird euch an meiner Stelle einen anderen Helfer geben, der für immer bei euch sein wird, ich werde ihn darum bitten. Er wird euch den Geist der Wahrheit geben, den die Welt nicht bekommen kann, weil sie ihn nicht sieht und nicht kennt."
JOHANNES 14,16–17 (NGÜ).

> Quote der Woche:
> „In deiner Einsamkeit glaubst du, alles zu verlieren.
> Doch sie ist die Chance, den Heiligen Geist zu gewinnen!"

Ich habe mich entschieden, das Wort „allein" komplett aus meinem Vokabular zu streichen. Hin und wieder ertappe ich mich aber noch dabei und korrigiere mich dann sofort – denn ich möchte dieser Lüge nie wieder Raum in mir schenken. Das Gefühl der Einsamkeit ist real, doch es ist eben nur ein Gefühl: „Ich fühle mich einsam." *Und wenn Einsamkeit „nur" ein Gefühl ist, kann man sie auch bekämpfen!* Dieser Kampf ist nicht leicht und erfordert immer wieder einen neuen Angriff.

Ich kenne das Gefühl der Einsamkeit selbst sehr gut. Wenn ich auf Tournee bin, bin ich oft ohne Begleitung – nicht allein (!) – unterwegs, und da kommen gern unschöne Gedanken auf: „Es interessiert ja eh keinen, was du machst. Du bist allen egal." Ja, ja, diese Gedanken kenne ich auch – genauso wie du! Doch ich möchte dich mithineinnehmen in die Zeit, als Jesus seinen Jüngern nach drei Jahren des gemeinsamen „Tourens" verkündete, dass er sie bald verlassen würde. Damit hatten sie nicht gerechnet! Und ihre Angst war groß, denn auch sie wollten nicht allein sein. Ihre Angst war sogar so groß, dass sie erst einmal überhörten, was für einen wertvollen Satz Jesus angehängt hatte: **„Der Vater wird euch einen anderen Helfer geben, der für immer bei euch sein wird."**

Erst einmal wirkt ein „anderer" Helfer nur wie ein Ersatz. Er kann nicht so gut sein wie das Original, Jesus selbst, den man sehen, spüren und direkt ansprechen konnte. Doch wenn wir tiefer graben und im griechischen Urtext nachschlagen, dann sehen wir, dass das Wort „anderer" dort drei Übersetzungen hat. Benutzt wurde in diesem Fall das Wort „άλλο", was direkt übersetzt „identisch, kein einziger Unterschied" bedeutet! Gott schickte uns also jemanden, der in seinem Wesen mit Jesus identisch ist und zusätzlich auch noch für jeden Menschen gleichzeitig zur Verfügung steht! Wow!

Jesus war auf Erden „nur" als Mensch unterwegs und konnte deshalb „nur" für seine 12 Jünger und die Menschen, denen er unterwegs begegnete, da sein. Er musste gehen, damit sich das erfüllen und der Heilige Geist seinen Platz hier auf Erden einnehmen konnte. Ja, die Jünger hatten Angst, etwas zu verlieren, wie wir oft auch. Denn auch sie waren plötzlich arbeits- und vor allem ziel- und hoffnungslos, als Jesus weg war. Dabei hatten sie doch alles für ihn aufgegeben. *Ja, auch sie kannten es, „allein" dazustehen. Doch sie vertrauten Jesus und seinem Wort, dass der Heilige Geist zu ihnen kommen würde, der ihm identisch sein würde.* Der IMMER bei ihnen sein würde – und noch mehr als das! Denn Jesus setzte noch einen obendrauf: **„Ich sage euch die Wahrheit: Wer an mich glaubt, wird die gleichen Taten vollbringen wie ich – ja sogar noch größere; denn ich gehe zum Vater. Worum ihr dann in meinem Namen bitten werdet, das werde ich tun"** (Johannes 14,12–13).

Der Heilige Geist will dein allgegenwärtiger Begleiter sein. Dein Gesprächspartner. Dein weiser Ratgeber. Dein Tröster. Immer und überall. Deshalb streiche das Wort „allein" für immer aus deinem Vokabular. Und erinnere dich stattdessen daran, dass der Heilige Geist immer bei dir ist. Auch gerade jetzt.

1. Wann fühlst du dich „allein", oder wann redest du dir immer ein, allein zu sein?

2. Achte diese Woche ganz bewusst darauf, das Wort „allein" aus deinem Vokabular zu streichen, und erinnere dich an „den anderen", der immer bei dir ist!

RÜCKBLICK:

3. Wo hast du in der Vergangenheit schon erlebt, dass Gott dir in deiner Einsamkeit begegnet ist?

GEBET:

Jesus, ich bitte dich um Vergebung, dass ich dieses Geschenk der Zweisamkeit mit dem Heiligen Geist noch nie bewusst angenommen habe. Ich, _____, habe mich immer viel zu klein gefühlt, als dass ich Zugriff darauf haben dürfte. Doch jetzt sehe ich, dass ich mir selbst im Weg gestanden bin, und möchte deinen Heiligen Geist ganz bewusst in mein Leben einladen. Ich danke dir, dass du mich in diesem Punkt verändern möchtest, und will dir dazu bewusst *mein Ja* geben! Dein Wille geschehe! Hilf mir, gerade in dieser Woche zu erkennen, dass ich niemals allein bin. Und in Momenten der gefühlten Einsamkeit begegne du mir auf eine Weise, wie ich es noch nie zuvor erlebt habe. Ich gebe dir **mein Ja**, Heiliger Geist.
In Liebe, dein(e) _____

2.

MEIN JA ZUR GROSSZÜGIGKEIT

„Wer wenig sät, der wird auch wenig ernten;
wer aber viel sät, der wird auch viel ernten."

2. KORINTHER 9,6

> Quote der Woche:
> „Ich muss nicht erst genug haben,
> bevor ich geben kann!"

Irgendwo in Afrika, genauer gesagt in Ouagadougou, einem der ärmsten Teile des Landes, sah mir die Direktorin der Schule meines Patenkindes direkt in die Augen, während sie den Satz aussprach, der mich seitdem nie wieder losgelassen hat: *„Muss ich denn erst genug haben, bevor ich geben kann?"* Eine sehr gute Frage. Eine Frage, die uns im Leben wahrscheinlich oft ein Bein stellt: Wir fallen, bevor wir es ausprobieren. Unser Kopf macht uns einen Strich durch die Rechnung, während für die nächste Charité-Organisation gesammelt wird: „Ich habe doch selbst noch so viele Rechnungen zu begleichen und diese neue Hose MUSS ich ja auch noch haben. Außerdem habe ich dieses Jahr noch keinen Urlaub gebucht."

Was wäre, wenn ich dir sage, dass es gar kein „Entweder-oder" gibt? Das hat mich ein Mann gelehrt, der die Konzerte von Weltstars in Deutschland organisiert. Er ließ mich ihre Tourneen begleiten, als ich noch völlig neu in dem Business war, und übernahm nicht nur alle meine Kosten, sondern er drückte auch vielen Obdachlosen auf der Straße einfach mal 100 Euro in die Hand. Und im Restaurant übernahm er immer die Rechnung für alle Gäste. Du wirst denken: „Klar, der wird auch im Geld geschwommen haben." Ja und nein. Denn das Musikgeschäft ist ein sehr unsicheres Geschäft. Und ich habe ihn mehrfach steinreich getroffen, aber auch mehrfach bankrott. *Doch ob arm oder reich, sein Verhalten hat sich nie verändert!* Und ich beobachtete, wie er jedes Mal wieder auf die Beine kam.

Dieses großzügige Verhalten hat mich als junge Frau unheimlich fasziniert – und ich dachte mir: „Wenn Menschen, die Gott nicht kennen, schon so großzügig sind, dann sollte ich das doch erst recht sein!" Ich selbst lebte zu dem Zeitpunkt eher an der Armutsgrenze und konnte kaum meine Miete bezahlen, doch ich merkte, wie sein Verhalten mich „angesteckt" hatte, und begann, das wenige, das ich hatte, zu teilen und großzügiger zu werden.

In 2. Korinther 9,2 (NGÜ) schreibt Paulus von genau dem gleichen Phänomen, das er in einer Gemeinde beobachtet hatte: **„Und tatsächlich hat sich die Mehrheit von ihnen von eurem Eifer anstecken lassen."** Hier ging es ebenfalls ums Spenden, also ums großzügige Geben. *Mit guten Taten wirst du dein Umfeld anstecken – Gott belohnt einen freudigen Geber immer!* Die Menschen um dich herum werden sehen, dass es dich nicht nur glücklicher macht (ja, man strahlt Großzügigkeit aus!), sondern auch, dass Gott dich nicht hängen lässt:

„Derselbe Gott, der dafür sorgt, dass es dem Bauern nicht an Saat zum Aussäen fehlt und dass es Brot zu essen gibt, der wird auch euch mit Samen für die Aussaat versehen" (2. Korinther 9,10; NGÜ).

Wieso nur haben wir dann so viele Zweifel daran und halten „unser" Geld so gern fest? Ich würde diese Frage ganz einfach so beantworten: „Weil wir es nicht ausprobiert haben, anders zu leben." *Vertrauen wächst beim Gehen beziehungsweise in diesem Fall beim Geben!* Denn Gott ist treu und hält sein Wort.

Ich kann dir verraten, dass ich in meiner Bibel den abschließenden Vers dick eingerahmt und dazugeschrieben habe: „Mein Ziel!" Und ich möchte dich diese Woche auf den Weg dorthin mitnehmen und dich fragen, ob du bereit bist? Ob du den Schritt in die Großzügigkeit in Bezug auf deine Finanzen, deine Liebe, deine Zeit oder den Bereich, den Gott dir gerade ins Ohr flüstert, wagst, um dann zu erleben: **„Er [sie] teilt mit vollen Händen aus und beschenkt die Bedürftigen"** (2. Korinther 9,9; NGÜ)?

1. In welchem Bereich deines Lebens könntest/solltest du großzügiger werden? Wer sind „die Bedürftigen deiner Großzügigkeit" in deinem Umfeld?

2. Wo kannst du diese neue Großzügigkeit kommende Woche konkret ausprobieren?

RÜCKBLICK:

3. Ist es dir letzte Woche gelungen, das Wort „allein" aus deinem Wortschatz zu streichen?

GEBET:

Jesus, ich danke dir dafür, dass du mich so überreich beschenkt hast. Dass ich dieses Leben leben darf, ist ein Geschenk! Dass ich genug zu essen und zu trinken habe, ist nicht selbstverständlich, sondern ein Zustand, der für viele Menschen auf dieser Welt nur ein Traum ist. Mir geht es so gut und dafür möchte ich dir danken! Und ich möchte lernen, mit dem, was du mir anvertraut hast, großzügiger umzugehen. Ich will diese Angst loswerden, zu kurz zu kommen, und erleben, dass du mir immer noch mehr dazugibst, wenn ich diesen Schritt wage. Hier hast du *mein Ja* zur Großzügigkeit und ich bitte dich, mir dabei zu helfen, die ersten konkreten Schritte zu gehen. Amen.

MEIN JA
ZUM GEBEN

„Wer die Saat mit Tränen aussät,
wird voller Freude die Ernte einbringen."

PSALM 126,5

Quote der Woche:
„Du trägst zu jedem Zeitpunkt deines Lebens
etwas in dir, das du weitergeben kannst!"

Ich würde dich ja nur zu gern persönlich fragen, wie es dir mit dem Thema der letzten Woche ergangen ist, großzügiger zu werden. Das Thema ist so wichtig, dass ich diese Woche noch einmal tiefer gehen möchte.

Vielleicht fühlt sich dein Leben gerade so an, als hättest du gar nichts zu geben. Vielleicht ist dir viel genommen worden und alles, was du gerade erlebst, sind Enttäuschungen, Verlust und Schmerz. Was bitte schön sollst du da noch weitergeben können?

Letzte Woche habe ich dir folgende Frage mitgegeben: „Muss ich denn erst genug haben, um geben zu können?" Heute will ich dir sagen: *„Du trägst zu jedem Zeitpunkt deines Lebens etwas* *in dir, das du weitergeben kannst! Dein perfekter Schöpfer hat höchstpersönlich etwas Einzigartiges in dich hineingelegt. Etwas, das die Welt nicht bekommt, wenn du es nicht (her)gibst!"* Etwas, das nicht nur „brauchbar" ist, wenn dein Leben glattläuft. Die Frage lautet nur: Schaffst du es, dir einen Ruck zu geben und dennoch zu lächeln, dennoch zu geben, dennoch weiterzumachen, auch wenn die Umstände nicht passen?

Du hast sicher schon oft gehört: „Gott hat einen Plan mit deinem Leben." Und wenn du bist wie ich, dann hast du dir sicher auch schon mal gedacht: „Ja, ja, das höre ich jetzt schon zum 1000. Mal!" Aber jetzt halte dich fest: **„Gott hat alles, was wir tun sollen, vorbereitet; an uns ist es nun, das Vorbereitete auszuführen"** (Epheser 2,10; NGÜ; Hervorh. d. Verf.). Mir gefällt das! Denn es bedeutet, dass Gott schon alles wusste: dass dich heute vielleicht Selbstzweifel plagen oder dass du verletzt wurdest und womöglich Jahre deines Lebens damit verbracht hast, deine Wunden zu lecken, oder aber dass du dich schlichtweg zu nichts Großem berufen fühlst. Und genau das sollte dir den Druck nehmen! Denn Gott hat, obwohl er all das wusste, etwas vorbereitet, dass nur DU ausführen kannst. Und weil er auch wusste, dass du es allein nicht schaffen würdest, hat er mit der folgenden Aussage noch einen „obendrauf gesetzt": **„Meine Gnade ist alles, was du brauchst, denn meine Kraft kommt gerade in der Schwachheit zur vollen Auswirkung"** (2. Korinther 12,9; NGÜ).

Gnade kannst du dir nicht verdienen, da sie ein Geschenk ist und immer deine Erwartungen übertreffen wird! Und du kannst Gott gerade JETZT in deiner Schwachheit darum bitten, sie dir zu schenken!

Auch ich habe diese Gnade gebraucht, als mein Leben plötzlich im Eimer war, nachdem ich schon jahrelang als Sängerin unterwegs gewesen war. Ich hatte für einen Mann alles aufgegeben, den ich heiraten wollte, der mich wenig später jedoch für eine Jüngere sitzen ließ. Wir hatten angefangen, in den USA mein neues Album zu produzieren, weil mein langjähriger Produzent in der Schweiz ihm „nicht gut genug" war. Und jetzt? Jetzt hatte ich schlagartig alles verloren. Ich hatte das Geld nicht, das angefangene Projekt in den USA fertigzustellen. Doch ich gab, was ich hatte.

So fand ich einen günstigen Flug, übernachtete in einer billigen Airbnb-Unterkunft und ging allein und beschämt zurück in das Tonstudio, in dem sonst nur diese amerikanischen Supersängerinnen waren. Doch ich gab, was ich hatte. Und auf dieser Reise unterstrich ich in meiner Bibel den Vers: **„Wer die Saat mit Tränen aussät, wird voller Freude die Ernte einbringen. Weinend geht er hinaus und streut die Samen aufs Feld; doch wenn er zurückkommt, jubelt er über die reiche Ernte"** (Psalm 126,5–6).

Das ist mein Leben, zusammengefasst in einem Vers. Denn du würdest dieses Büchlein nicht in deinen Händen halten, wenn ich nicht unter Tränen gesät hätte. Ich gab, was ich hatte. Und wieder einmal hat Gott seine Treue bewiesen. Und das wird er bei dir genauso tun!

1. Was könnte es bei dir sein, das Gott in dich hineingelegt hat, damit du es weitergibst? Und was hält dich davon ab, es zu tun?

2. Welche Möglichkeiten hast du, diese Woche deine Gabe weiterzugeben (auch wenn dir nicht danach ist)?

RÜCKBLICK:

3. Hast du es letzte Woche geschafft, großzügig zu sein? Wie ist es dir damit ergangen?

GEBET:

Vater im Himmel, manchmal habe ich das Gefühl, gar nichts geben zu können. Es gibt Momente, in denen ich mir vorkomme wie ein Haufen voller Probleme. Doch so langsam wird mir bewusst, dass mir jemand meine Talente und meinen einzigartigen Wert nehmen möchte, weil ich damit das Leben anderer positiv verändern könnte. Das möchte ich nicht mehr zulassen! Ich gebe dir heute *mein Ja* dazu, in meiner „Müllhalde" aufzuräumen, damit ich das Besondere, das du in mich hineingelegt hast, finden und zum Vorschein bringen kann. Ich möchte den Lügen nicht länger glauben, dass ich nichts zu geben habe. Vergib mir die Zweifel an mir, denn schlussendlich sind es Zweifel an dir. Und das tut mir sehr leid! Hilf mir, meine Bestimmung auf dieser Welt in aller Fülle zu leben. Amen.

MEIN JA
ZUR ERMUTIGUNG

„Verurteilt niemand, damit auch ihr nicht verurteilt werdet. Denn so, wie ihr über andere urteilt, werdet ihr selbst beurteilt werden, und mit dem Maß, das ihr bei anderen anlegt, werdet ihr selbst gemessen werden."
MATTHÄUS 7,1–2 (NGÜ)

> Quote der Woche:
> „Ausgesprochene Ermutigungen erfreuen das Herz!
> Sei du die Ermutigung für andere,
> nach der du dich selbst sehnst!"

Ist dir schon einmal aufgefallen, dass unser heutiges Leben geradezu darauf ausgelegt ist, andere Menschen zu verurteilen? Denke nur an die ganzen Casting-Formate, die im Fernsehen zu sehen sind und ihre Zuschauer damit unterhalten, dass die Jury sich über untalentierte Kandidaten lustig macht.

Ich ertappe mich selbst dabei, dass ich manchmal auf Facebook nachlese, wie andere Zuschauer die Leistung der Kandidaten bewertet haben, was sie von ihnen halten und ob sie den Typen mit der gut laufenden Firma auch so arrogant finden wie ich? Nur selten findet hier eine Beurteilung statt. Sehr schnell landen wir doch beim Verurteilen. „Die redet ständig rein, so eine egoistische Frau!" ist noch eine nette Version von dem, was man in den Kommentaren zu lesen bekommt.

Es ist leicht, vor dem Bildschirm zu sitzen und einfach nur mitzureden. Doch wenn man selbst im Rampenlicht steht, dann wird einem schmerzlich bewusst, was die Verurteilung anderer in einem Menschen anrichten kann. Und man erkennt, dass man gar nicht so viel anders, gar nicht so viel besser ist als diejenigen, die man beurteilt, nein, verurteilt hat. Aus diesen Gründen habe ich es mir abtrainiert, in den sozialen Medien überhaupt zu irgendetwas oder irgendwem mein Urteil abzugeben, denn ich kenne die Hintergründe nicht, und wenn ich nichts Positives über eine Person oder eine Performance sagen kann, dann sage ich lieber gar nichts. **„Redet mit jedem Menschen freundlich; alles, was ihr sagt, soll gut und hilfreich sein. Bemüht euch darum, für jeden die richtigen Worte zu finden"** (Kolosser 4,6).

Auch ich selbst wurde zu Beginn meiner Karriere schwer verurteilt. Dabei war ich nur auf der Suche nach der echten Déborah. Diese Suche führte mich erst einmal zu wasserstoffblonden Haaren und allen möglichen pinken Kleidungsstücken. Wenn ich heute auf diese Zeit zurückblicke, verstehe ich die kritischen Kommentare zu meinem Look. Doch müssen diese Meinungen ausgesprochen, gar in Zeitschriften abgedruckt werden? Das hilft doch keinem Menschen weiter – im Gegenteil: Es zerstört sogar.

Bis heute staune ich darüber, dass mein Produzent nie etwas sagte, auch wenn ich mit den schrillsten Stiefeln aus Plastik ins Studio gelaufen kam! Beim Gedanken daran muss ich heute schmunzeln... Jahre später befragte ich ihn einmal dazu und er sagte nur: „Ich wusste, dass du da durchmusst, um zu der Persönlichkeit zu werden, die du heute bist." Wow.

Dass wir uns etwas über andere Menschen denken, ist völlig normal. Doch du musst negative Gedanken über andere nicht noch füttern, indem du sie aussprichst und damit die betroffene Person verletzt. *Damit entfachst du nur ein sinnloses, doch gefährliches Feuer.*

Wieso tun wir das also? Wäre es nicht viel spannender, Kritik in Lob und Ermutigung zu verwandeln? Ich glaube, häufiger als wir es uns eingestehen wollen, stecken Neid, Eifersucht oder Missgunst dahinter. Meine Challenge für diese Woche und hoffentlich den Rest deines Lebens lautet deshalb: **„Lass dich nicht vom Bösen besiegen, sondern besiege das Böse durch das Gute"** (Römer 12,21).

Jedes Mal, wenn du in Versuchung kommst, jemanden zu verurteilen, dann überlege, ob du stattdessen nicht etwas Gutes in der Person finden und hervorheben kannst – und ja, sprich es aus! *Ausgesprochene Ermutigungen erfreuen das Herz!* Hinterfrage dich außerdem immer wieder, ob der Grund deiner Verurteilung vielleicht auch Missgunst oder Eifersucht war. Statt zu verurteilen, sprich bewusst Ermutigung und Liebe aus – und du wirst sehen, wie es auf dich zurückfällt!

1. Wann gerätst du am häufigsten in Versuchung, Menschen zu verurteilen?

2. Könntest du diese „Brandherde" in deinem Leben bewusst auslöschen, indem du sie durch Ermutigungen ersetzt – und damit „erstickst"?

RÜCKBLICK:

3. Konntest du die verborgene Gabe in dir entdecken? Wie ist es dir letzte Woche gelungen, deine Gabe an andere weiterzugeben?

GEBET:

Jesus, du hast immer nur das Beste in mir gesehen und letzte Woche habe ich daran gearbeitet, es auch selbst in mir zu entdecken. Doch genau wie bei mir selbst sehe ich auch in anderen Menschen oft zuerst das Schlechte. Und ehrlich gesagt rede ich manchmal gern mit, wenn gelästert wird. Dabei weiß ich doch, dass ich nicht besser bin als die andere Person und oft nur von mir selbst ablenken will. Doch dieses Verhalten soll sich jetzt ändern! Ich gebe dir *mein Ja* dazu, die Brandherde der Verurteilung in meinem Leben aufzudecken und auszulöschen. Hilf mir, zu jemandem zu werden, in dessen Gegenwart Menschen sich nicht einmal trauen, über andere schlecht zu reden, weil sie wissen, dass ich ihnen dann die Leviten lesen werde! Ich möchte ein Vorbild in freundlicher Rede über andere werden. Ich möchte, dass die unsichersten Menschen sich bei mir wohl, stark und sicher fühlen, weil ich auch in ihnen etwas Wertvolles sehen kann! Verändere du mein Herz! Amen.

5.

MEIN JA
ZU MEINEN SCHWÄCHEN

„Aber eine Hoffnung bleibt mir noch, an ihr halte ich trotz allem fest: Die Güte des Herrn hat kein Ende, sein Erbarmen hört niemals auf, es ist jeden Morgen neu! Groß ist deine Treue, o Herr!"

KLAGELIEDER 3,21–23

> Quote der Woche:
> „Willst du in der Wahrheit leben, wirst du Gott deine Stärken UND deine Schwächen geben müssen!"

Wenn du an die letzte Woche denkst oder auch nur an gestern, welche Erinnerungen kommen zuerst in dir auf? Die des Versagens oder die des Erfolgs? Und welche Gefühle? Unzufriedenheit oder Freude und Dankbarkeit?

Ich weiß nicht, was die Schwächen in deinem Leben sind, die dich immer wieder zu Fall bringen. Vielleicht dachtest du auch schon über einen längeren Zeitraum hinweg, von ihnen frei geworden zu sein. Doch jetzt bist du wieder einmal in die Falle getappt und fühlst dich deswegen schwer und traurig.

Ich erinnere mich nur zu gut an die Zeiten, in denen ich meinte, frei von meiner Bulimie geworden zu sein. Und dann, ganz unerwartet, übermannte sie mich wieder und ich fand mich – so grundlos – über der Toilettenschüssel wieder. Ein Moment, der all die schönen Stunden des Tages zerstörte. Ein Moment, der mir immer wieder zeigte, dass ich doch nicht so toll war, und der mich so schrecklich fühlen ließ, dass ich nur noch ins Bett gehen und alles vergessen wollte. Aber schlimmer noch war der Morgen danach, denn ich erwachte mit diesen quälenden Gedanken: „Jetzt hast du dir alles vermasselt, was du dir jahrelang so mühsam aufgebaut hast. Du kannst so doch nicht mehr auf die Bühne. Gott wird deine Arbeit nicht mehr segnen!"

Weißt du eigentlich, dass WIR allein es sind, die uns so etwas einreden? Beziehungsweise der Teufel, der nur darauf wartet, dass wir ihm in unseren Gedanken solch einen guten Nährboden für seine Lügen schenken? *Wenn wir Gott unsere Schwächen nicht genauso geben wie unsere Stärken, dann wird der Teufel die Macht bekommen, uns in dem Glauben zu lassen, dass wir Versager sind und Gott uns verstoßen wird!*

Wenn du gerade in deinem schwächsten Moment jedoch NICHT von Gott davonrennst, wirst du erkennen, dass er dich segnen will – weil du damit anerkannt hast, dass du ihn brauchst: **„Denn der Herr ist gut zu dem, der ihm vertraut und ihn von ganzem Herzen sucht"** (Klagelieder 3,25). Auch wenn wir versagen, Gott ist und bleibt gut, denn „die Güte des Herrn hat kein Ende"!

Was bedeutet denn das Wort Güte? Unter Güte versteht man laut Wikipedia eine freundliche, WOHLWOLLENDE und nachsichtige Einstellung gegenüber anderen. **„Sein Erbarmen hört niemals auf!"**, heißt es außerdem. „Erbarmen ist ein von Herzen kommendes Mitgefühl, das zum Handeln bereit macht", sagt der Duden. Das zeigt mir, dass unser barmherziger Gott eingreifen und dir helfen WILL. Und Gottes Erbarmen ist jeden Morgen neu. Darauf darfst du fest vertrauen.

Jeremia, der Autor dieses Verses, war in einer scheinbar aussichtslosen Situation. Jerusalem war zerstört worden. Jerusalem, das auf eine ganz besondere Weise die Stadt Gottes war. Da könnte man glauben, dass Gott ganz schön sauer auf sein Volk gewesen sein musste, um das zuzulassen. Doch Jeremia entschied sich, seinen Blick nicht auf die Umstände zu richten, sondern auf den Gott der Liebe und der Gnade: **„Kommt, wir wollen unser Leben prüfen und dann zurückkehren zum Herrn!"**, schreibt er in Klagelieder 3,40 (NGÜ). Wenn du deine Schwächen klar beim Namen nennen kannst, werden sie ihre Macht im Licht der Güte Gottes verlieren!

1. Was sind die Schwächen, die dich immer wieder zu Fall bringen? Nenne sie beim Namen und stelle sie diese Woche bewusst unter die Güte Gottes!

2. Wo kannst du im Voraus vermeiden, in eine dieser Fallen zu laufen?

RÜCKBLICK:

3. Wofür bist du in der letzten Woche dankbar? Hast du ein paar „Brandherde" des Lästerns mit ermutigenden Worten auslöschen können?

GEBET:

Jesus, ich kann dein Mitgefühl mir gegenüber gar nicht fassen. So oft denke ich, dass ich dir nicht gut genug bin – gerade, wenn ich wieder einmal versagt habe. Ich möchte endlich mit meinem Herzen verstehen, wie sehr du mich trotzdem liebst! Bitte hilf mir dabei! Ich will keine Sekunde meines Lebens mehr damit vergeuden, von dir davonzulaufen. Denn ich brauche dich! Ich nehme dein Ja zu meinen Schwächen voller Dankbarkeit an. Ich gebe dir *mein Ja* zum Vertrauen in deine Güte, die jeden Morgen neu ist. Ich liebe dich. Amen.

MEIN JA
ZU PRÜFUNGEN

„Ihr dürft sicher sein: Ich bin immer bei euch, bis das Ende dieser Welt gekommen ist!"
MATTHÄUS 28,20

> Quote der Woche:
> „Prüfungen sind der Beweis dafür, dass Gott uns etwas beibringen möchte, das uns auf ein nächstes Level bringen wird!"

Als wir in der Schule waren, war uns sehr bewusst, dass wir dort sind, um etwas zu lernen. Und wir hatten keine andere Wahl: Wir mussten da durch. Kein Kind in Europa kann sagen: „Danke für das Angebot, aber ich verzichte." Und weil das so klar ist, geht man als Kind und Jugendlicher in die Schule, ob man will oder nicht. Besonders nervig wird die Schule jedoch dann, wenn ein Test ansteht. Man kann noch so viel gelernt haben, doch man ist kurz vorher immer noch nervös, weil man nie genau weiß, welche Fragen einem zum Schluss tatsächlich gestellt werden. Noch schwieriger sind die unangekündigten Tests, von denen man sofort denkt, dass sie nur eine Strafe des Lehrers sein können! Doch eigentlich will er mit solchen Tests nur überprüfen, ob ihm wirklich zugehört wurde. Denn sein Ziel ist es, dass das Erlernte in den Köpfen der Schüler und Schülerinnen verankert ist, damit sie auch auf die unerwarteten Prüfungen des Lebens vorbereitet sind.

Die „unangekündigte Prüfung", die Gott dich gerade vielleicht durchmachen lässt, hat einen ähnlichen Hintergrund. Allerdings gibt es einen entscheidenden Unterschied: Du darfst jederzeit ins Buch schauen und spicken! Und zwar in die Bibel, in der alle Antworten stehen. Die Frage ist nur, ob du glaubst, was du da liest? Glaubst du oder zweifelst du? Natürlich ist Zweifeln und Ringen mit Gott erlaubt, aber irgendwann musst du dich entscheiden, ob du Gott vertrauen möchtest oder immer weiter zweifeln willst.

Deine Zweifel werden dich immer wertvolle Zeit kosten!

„Will Gott mich bestrafen? Meint er es doch nicht gut mit mir? Ist alles, was ich glaubte, über ihn zu wissen, doch falsch? Bleibt er mir fern, weil ich ihm nicht gut genug bin?" All das sind hartnäckige Zweifel. Aber du kannst sie mit der Wahrheit bekämpfen, indem du „in das Buch schaust" und glaubst, was du dort liest. Dein Lehrer, Gott (!), möchte mehr, als dass du einfach nur passiv deine Anwesenheitspflicht erfüllst. Er möchte, dass du einen aktiven Schritt unternimmst: **„Sucht die Nähe Gottes, dann wird er euch nahe sein"** (Jakobus 4,8).

Um dir zu zeigen, dass Jesus dir immer nahe ist und dir bei allem helfen möchte und dass deine Zweifel daran völlig sinnlos sind, möchte ich dir einen weiteren Vers aus dem Jakobus-Brief mitgeben: **„Wenn es aber einem von euch an Weisheit fehlt, bitte** er Gott darum, und sie wird ihm gegeben werden; denn Gott gibt allen gern und macht dem, der ihn bittet, keine Vorhaltungen" (Jakobus 1,5; NGÜ). Du darfst während der Prüfung also nicht nur das Buch aufschlagen und die Lösung abschreiben, sondern du darfst den Lehrer höchstpersönlich um Hilfe bitten! Wie viel mehr braucht es, um dir zu zeigen, dass er dich durch jede Prüfung deines Lebens tragen möchte? Dass er sie nur zugelassen hat, um dich näher zu ihm zu ziehen? *Denn alles, wonach Gott sich sehnt, ist eine echte und liebevolle Beziehung zu dir, in der kein Raum für hartnäckige Zweifel an seiner Liebe und Güte bleibt.*

In einer Beziehung schenkst du deinem/deiner Partner/-in ja auch erst einmal dein Vertrauen. O.k., du bist vielleicht genau deswegen auch schon verletzt und enttäuscht worden, aber lass dir von Gott beweisen, dass er dein Vertrauen belohnen wird: **„Er setzte sein ganzes Vertrauen auf den Herrn, und so fand er Gottes Anerkennung"** (1. Mose 15,6). Und Synonyme für Anerkennung sind laut Duden: Honorierung, Annahme, Wertschätzung, Bestätigung, Verständnis (!).

Ich liebe Gottes Geduld und Gnade mit uns! Denn du darfst nicht nur seine Hand nehmen, während du durch Zeiten der Prüfung gehst – du darfst auch das Buch aller Bücher öffnen und erleben, wie es deine Situation verändert, denn Gottes Wort bleibt nicht ohne Wirkung (vgl. Jesaja 55,11).

1. Wenn du ganz ehrlich zu dir bist, wie oft und wie bewusst liest du in der Bibel? Und GLAUBST du, dass Gott durch die Bibel zu dir ganz persönlich sprechen möchte, oder liest du sie „nur so"?

2. Bitte Gott diese Woche bewusst, durch sein Wort zu dir zu sprechen – mitten in deine aktuelle Prüfungssituation hinein, damit du erkennst, dass er dich nur stärker machen und auf das nächste Level bringen möchte!

RÜCKBLICK:

3. Hast du bewusst ein paar deiner Schwächen angehen können? Welche Erfolge konntest du in der letzten Woche feiern?

GEBET:

Jesus, ich bitte dich, mir Freude an deinem Wort zu schenken. Du hast mir darin alles gegeben, was ich brauche, aber irgendwie schätze ich das manchmal viel zu wenig. Das tut mir sehr leid! Ich bitte dich, mein Glaubensleben zu revolutionieren! Ich wünsche mir, dass die Bibel für mich plötzlich Sinn macht. Dass ich jedes Mal beim Lesen Neues für mich entdecke. Bitte schenke mir Weisheit, um zu verstehen, was du mir sagen möchtest! Und hilf mir, deine Worte zu behalten, damit ich auch andere im richtigen Moment mit den richtigen Worten ermutigen kann. Danke für dein Wort! Danke für deine Gegenwart und Hilfe in meinem Leben! Ich gebe dir heute *mein Ja* zu allen Prüfungen, weil ich weiß, dass ich keinen Test allein bestehen muss. Amen.

7.

MEIN JA
ZUR VORBEREITUNGSZEIT

„[Gott] schenkt uns seine Liebe
und verleiht uns hohes Ansehen."
PSALM 84,12

Quote der Woche: „Gott will, dass du Erfolg hast –
und dazu hat er alles schon in dich gelegt!"

„Oh, là, là, das ist aber ein Vers, der weit entfernt von meinem aktuellen Leben ist", magst du jetzt vielleicht denken. „Ich bin doch nur Mittelmaß, große Erfolge kann ich beim besten Willen nicht vorweisen. Ich fühle mich vielmehr ungesehen und unbrauchbar. Und genau deswegen ist Gott auch nicht gut zu mir, weil ich es gar nicht verdient habe." Stopp! Stopp! Stopp! Nichts könnte weiter entfernt von der Wahrheit sein! Diese Denkweise musst du dir bitte ein für alle Mal aus dem Kopf schlagen, denn so ist und so denkt Gott nicht! Gott liebt dich so sehr, dass er gar nicht anders kann, als dir Gutes zu tun! Doch manchmal bist du vielleicht einfach noch nicht dazu bereit, das Gute zu empfangen, und musst deshalb erst noch ein wenig „geformt" werden.

Du kannst dir das vorstellen, wie wenn ein Vater zu seiner Tochter oder seinem Sohn sagt: „Um neun gehst du ins Bett." Das Kind geht dann zwar auf sein Zimmer, doch sitzt es noch bis weit nach Mitternacht am Computer. Am nächsten Morgen sieht der Vater das Kind völlig übermüdet und außerstande, die Aufgaben des Tages zu stemmen, am Frühstückstisch sitzen. Traurig greift der Vater zum Hörer und sagt den geplanten Trip in den Vergnügungspark ab, mit dem er sein Kind eigentlich überraschen wollte. Es hätte keinen Sinn gemacht, denn das Kind hätte den Ausflug in diesem Zustand gar nicht genießen können und vor lauter Müdigkeit wahrscheinlich nur rumgenörgelt, anstatt zu erkennen, was für ein tolles Geschenk das ist.

Wenn Gott dir noch nicht das gibt, wonach du dich so sehr sehnst, hat das nichts damit zu tun, dass du nicht würdig bist, es zu bekommen. Manchmal sind wir einfach noch nicht bereit (reif) für das, was Gott für uns vorbereitet hat. Aber ändert das etwas an der Liebe, die der Vater für sein übermüdetes und ungehorsames Kind hat? NEIN!

Ich bin inzwischen seit über zehn Jahren als Sängerin unterwegs. Damals wurde ich bekannt als „die singende Flugbegleiterin", und alle am Flughafen hatten die Erwartung, dass ich schlagartig supererfolgreich werden würde. Nach ein paar Monaten ließ diese Hoffnung jedoch nach und mir graute vor ihrer Begrüßung, wenn ich arbeiten ging: „Na, immer noch nicht im Fernsehen?" Und ich fragte mich später nach mehreren Jahren intensiver Arbeit und verschiedenen Alben auch selbst, wieso „der große Durchbruch" noch nicht gekommen war. JETZT, während ich dieses Buch schreibe, nach weiteren Jahren harter Arbeit, läuft meine neue Single die Hitparaden rauf und runter. Und erst kürzlich sagte mein Produzent zu mir: „Du bist heute anders, deswegen funktioniert es auch so. Es hat den ganzen Schleifungsprozess und die schwierigen Situationen in deinem Leben gebraucht, um dich zu polieren und für den Erfolg bereit zu machen."

Was Gott gerade in deinem Leben tut, ist die Vorbereitung für deinen großen Moment, in dem du dann erkennen wirst, dass es diese ganze Zeit davor gebraucht hat. Wenn er dich warten lässt, dann bedeutet das nur, dass er unfassbare Fähigkeiten in dich hineingelegt hat, von denen er sich wünscht, dass du sie entdeckst, indem du weise mit deiner Zeit und dem dir geschenkten Leben umgehst! *Gott WILL, dass du Erfolg hast – und dazu hat er alles in dich hineingelegt!* Er schenkt dir seine Liebe und verleiht dir hohes Ansehen. Wenn du dir das bewusst machst – unabhängig davon, ob es gerade sichtbar ist in deinem Leben oder nicht, könntest du dann nicht zu jeder Zeit darauf vertrauen, dass dir wirklich alles zum Besten dient (vgl. Römer 8,28)? Bleib dran, der Weg lohnt sich!

1. Glaubst du wirklich, dass Gott dir Erfolg schenken möchte? Oder findest du dich bei den Zweifelgedanken am Anfang des Textes wieder?

2. Hast du ein Ja dafür, dich von Gott vorbereiten zu lassen, auch wenn es Wartezeiten und Veränderung bedeutet?

RÜCKBLICK:

3. Wie ist es dir letzte Woche mit dem Bibellesen ergangen? Hast du einen Unterschied bemerkt?

GEBET:

Herr, du kennst meine großen Selbstzweifel. Sie stehen mir immer wieder im Weg. Auch jetzt, wenn ich lese, dass du sogar möchtest, dass ich Erfolg habe. Das wäre wirklich mein Traum, aber es fällt mir so schwer, das zu glauben. Doch ich möchte dir zeigen, dass ich dir vertraue, und gebe dir deswegen *mein Ja* zur Vorbereitungszeit. Mach aus mir den Menschen, den du in mir siehst, und lass mich die Schönheit auf dem Weg zu meinem Ziel nicht übersehen. Ich möchte nicht an deiner Bestimmung für mich vorbeilaufen und sie verpassen! Hier bin ich, gebrauche mich. Amen.

8.

MEIN JA
DAZU, DAS WARTEN ZU GENIESSEN!

„Jedes Ereignis, alles auf der Welt hat seine Zeit."
PREDIGER 3,1

> Quote der Woche:
> „Du musst nicht darauf warten, das Leben genießen zu können! Du darfst es schon während deiner Wartezeiten genießen."

Alles hat seine Zeit. Nur nehmen wir sie uns oft nicht. In der Schnelllebigkeit unserer leistungsorientierten Gesellschaft ist es kaum möglich, sich „Zeit zu nehmen". Wir denken ständig, wir haben Stress, doch merken nicht, wie viel Zeit wir trotz – oder gerade wegen – aller Hektik und dem Erfolgsdruck verlieren! Allein an der Kasse im Supermarkt geht so viel Zeit verloren. Laut einem Beitrag im Frühstücksfernsehen warten wir dort 12 Stunden im Jahr! Überschlagen wären das über 30 Tage in unserem Leben! Wir warten im Stau, beim Arzt und beim Kochen. Wir warten darauf, dass die Kinder aus der Schule kommen, wir warten auf den Bus, wir warten auf unsere Bestellung im Restaurant, wir warten, wir warten, wir warten. Doch wir merken es nicht mehr bewusst und deswegen ist es o. k. Das Warten, das uns stresst, ist das Warten, das wir bewusst wahrnehmen, weil es länger als üblich dauert oder wir das, worauf wir warten, wirklich dringend brauchen: „Wann kommt mein Gehalt?", „Wann kommt mein Päckchen mit den Schuhen für die Hochzeit?", oder die große Frage: „Wann wird Gott meine Gebete endlich erhören?" Dieses Warten, DAS stresst uns.

Viele Menschen haben es verlernt, das Warten zu genießen oder die Zeit des Wartens sogar mit Gebet zu füllen und somit die Beziehung zu Gott zu vertiefen. Genau darüber spricht König Salomo, der ein Sohn Davids war und selbst ein Traumleben führte. Eigentlich. Denn er verzweifelte an dem Gedanken, alles zu haben und doch noch auf etwas zu warten: **„Wer geldgierig ist, bekommt nie genug, und wer den Luxus liebt, hat immer zu wenig – auch das ist völlig sinnlos"** (Prediger 5,9). Er erzählt weiter, wie nichts ihn erfüllen und ihm Ruhe bringen konnte, wie er nach wie vor auf etwas Unbestimmtes wartete. Und am Ende schreibt er: **„So kam ich zu dem Schluss, dass es für den Menschen nichts Besseres gibt, als sich zu freuen und das Leben zu genießen!** (Prediger 3,12).

Hach, wie wundervoll! Salomo traf also die Entscheidung, trotz des Wartens auf etwas, das ihm noch fehlte, das Leben zu genießen! Und das ist es, was uns verloren gegangen ist.

Wenn du deinen Tagesablauf anschaust, wo genau hättest du Platz dafür, das Leben zu genießen? Wahrscheinlich erst am

Wochenende, wenn die Wäsche gemacht, die Rechnungen bezahlt und endlich die liebsten Freunde zu einem leckeren Dinner da sind. Denn am Sonntagmorgen im Gottesdienst „musst" du ja wieder die Technik machen oder den Kuchen für das „Café danach" backen. Puh, Stress...! Oder? *Oder könntest du dich dafür entscheiden, all diese Momente zu genießen, während du auf das wartest, wonach du dich sehnst?* **„Begreift ihr denn nicht? Oder habt ihr es nie gehört? Der Herr ist der ewige Gott. [...] Er wird weder müde noch kraftlos. [...] Den Erschöpften gibt er neue Kraft, und die Schwachen macht er stark. Selbst junge Menschen ermüden und werden kraftlos, starke Männer stolpern und brechen zusammen. Aber alle, die ihre Hoffnung auf den Herrn setzen, bekommen neue Kraft"** (Jesaja 40,28–31).

Dieser Vers ist eine Erinnerung an dich, dass Gottes Zeitrechnung völlig anders ist, weil er der EWIGE Gott ist. Er rechnet mit Zahlen der Ewigkeit. Und wenn du meinst, viel zu lange auf etwas warten zu müssen, dann findet er das manchmal vielleicht sogar „süß" (ich rede hier natürlich nicht von wirklichen Ausnahmesituationen, wie etwa wenn man auf einen Krankenwagen wartet und es um Leben und Tod geht!). Denn er weiß doch schon, dass er dir auch für deinen nächsten Schritt die nötige Kraft schenken wird. Er weiß auch, dass du glaubst, bis zum nächsten Gehalt nicht über die Runden zu kommen. Und deswegen hetzt du von A nach B, machst dir gedanklich einen riesigen Stress und vergisst... vergisst, dass alles seine Zeit hat! *Du kannst dich dafür entscheiden, das Heute, Hier und Jetzt zu genießen!* Denn es ist ein Versprechen: **„Alle, die ihre Hoffnung auf den Herrn setzen [das bedeutet auch: die auf ihn WARTEN] bekommen neue Kraft!"**

1. Wenn du an die kommende Woche denkst, versetzt dich das in Stress oder in Vorfreude?

2. Was auch immer du benutzt, mach dir eine tägliche Erinnerung: „Ich will mich entscheiden, jeden Moment zu genießen, und die Momente des Wartens mit Gebet füllen!"

RÜCKBLICK:

3. Wie ist es dir damit ergangen, dich von Gott schleifen zu lassen und anzunehmen, dass es diese Zeit braucht – und dass es auch Schönes in dieser Zeit zu finden gibt?

GEBET:

Jesus, wenn ich innerlich anhalte und versuche zu verstehen, dass alles seine Zeit hat, also die Zeit, die du dafür vorhergesehen hast, dann will ich manchmal trotzdem eingreifen und dir sagen, dass man das doch besser planen könnte. Denn ICH hätte gern, ICH würde gern und, und, und ... Doch heute will ich dir bewusst die Kontrolle über mein Leben zurückgeben und sagen: „O. k., alles zu DEINER Zeit!" Eigentlich habe ich immer nur Angst, dass meine Kraft nicht ausreicht. Aber meine Kraft kommt ja von dir. Das heißt, dass es immer genug von ihr geben wird, solange ich mich an dich halte! Und ich gebe dir *mein Ja* dazu, die Wartezeit genießen zu wollen. Bitte hilf du mir dabei! Amen.

9.

MEIN JA
DAZU, GEHORSAM ZU WARTEN

„Überlass dich ruhig dem Herrn
und warte, bis er eingreift!"
PSALM 37,7 (NGÜ)

> Quote der Woche:
> „Überlass dich dem Herrn = Gib dich ohne Zweifel
> in die Hände Gottes!"

Eigentlich warten wir immer auf etwas. Deswegen ist mir das Thema so wichtig, dass ich eine zweite Woche anhängen möchte, um mit dir den Sinn und die Wichtigkeit des Wartens zu entdecken – weil sich genau darin letztlich ein großer Segen verbirgt!

Letzte Woche wollten wir lernen, uns weniger getrieben zu fühlen und auch mal einfach nur den Moment zu genießen, während wir auf etwas warten. Doch manchmal fühlst du dich in großer Gefahr oder die Situation, in der Gott dich zum Warten aufruft, ist tatsächlich sehr unangenehm und du siehst absolut keine Möglichkeit, irgendetwas daran zu genießen. Weshalb ich dieses

Buch unbedingt schreiben wollte, war jedoch, weil ich herausgefunden habe, dass jeder Moment meines Lebens in irgendeiner Form schon einmal in der Bibel stattgefunden hat. Und durch das Lesen des Wortes Gottes habe ich plötzlich so viele Einsichten bekommen, die mir das Leben unglaublich erleichtert haben. Und genau das Gleiche wünsche ich mir für dich! Du hast eine Aufgabe auf dieser Welt, und um diese zu erfüllen, musst du fest in Gottes Wort verankert sein, weil du sonst die „Goldperlen" übersiehst, die dir ein erfülltes Leben voller Spannung mit Jesus schenken würde! Denn wer hat gesagt, dass es erst im Himmel schön wird, wenn wir doch schon hier und heute durch den Heiligen Geist (siehe erste Andacht: „Mein Ja zum Heiligen Geist") mit Jesus verbunden sein können?

Deswegen möchte ich dir die Sache mit dem Segen im gehorsamen Warten gern anhand einer biblischen Geschichte erklären. Beschäftigen wir uns dazu einmal mit Saul (nachzulesen in 1. Samuel 13). Er wusste, dass Gott den Propheten Samuel erwählt hatte, um das Brand- und Dankopfer zu bringen. Doch als Samuel sich verspätete, wurde Saul nervös, denn seine Soldaten fingen an herumzunörgeln, weil sie Angst vor der gegnerischen Armee hatten. Deswegen entschied Saul, Gott selbst das Opfer zu bringen. Als Samuel dann mit Verspätung ankam, stellte er ihn zur Rede: **„Das war sehr dumm von dir! Du hast dem Befehl des Herrn, deines Gottes, nicht gehorcht. Er wollte dir und deinen Nachkommen für alle Zeiten die Königsherrschaft über Israel geben. Du aber hast sie durch dein voreiliges Handeln verspielt. Der Herr hat schon einen Nachfolger ausgesucht und ihn dazu bestimmt, das Volk zu regieren"** (1. Samuel 13,13–14).

Kennst du so eine Situation aus deinem eigenen Leben? Du hast einen Traum, Gott scheint aber nicht auf deine Gebete zu reagieren? Du weißt eigentlich, dass Gott gut ist, verstehst aber nicht, wieso er sich dann nicht zeigt? Wie bei Saul sieht alles um dich herum bedrohlich aus und deine Angst wächst, dabei stehen in der Bibel doch so viele Zusagen, dass Gott eingreifen und dir helfen wird. Doch wo bleibt er?

Trotz Verspätung hatte Samuel einen riesigen Segen für Saul im Gepäck! Doch dieser hatte es nicht geschafft, gehorsam zu warten, und rannte damit an seinem Geschenk vorbei.

Wirst du treu sein bis zum Schluss? Wirst du auf Gott WARTEN – und, wie wir es uns vorgenommen haben, sogar das Warten-lernen genießen – bis dein Segensbringer auftaucht, auch wenn er aus deiner Sicht mit Verspätung ankommt? Das, was Gott für dich im Gepäck hat, ist das längste Warten wert! **„Überlass dich ruhig dem Herrn und warte, bis er eingreift."** Was für eine starke Übersetzung: „Überlass" dich dem Herrn. Also: *„Gib dich ohne Sorge, ohne Zweifel in die Hände Gottes."* Mit allem, was du nicht verstehst, bis hin zu deinen größten Ängsten. Überlass dich dem Herrn!

1. Was ist es, worauf du gerade wartest? Und bist du in Gefahr, mittendrin aufzugeben und es aus eigener Kraft zu versuchen?

2. Bist du bereit, dich ganz bewusst dem Herrn zu überlassen?

RÜCKBLICK:

3. Ist es dir gelungen, im Alltag die Momente des Wartens bewusster zu genießen?

GEBET:

Jesus, du kennst mich und das ist gut so, auch wenn es mir manchmal peinlich ist, dass du selbst meine tief verborgenen Gedanken kennst. Denn ja, so oft würde ich gern die Zeit vorspulen, weil ich im Moment nichts Schönes sehen kann. Die Angst, es nicht zu schaffen, ist dann größer als meine Kraft, dir gehorsam zu bleiben und geduldig zu warten, bis du eingreifst. Ich bitte dich, mich mit einer göttlichen Geduld auszustatten, die sich über Nacht immer wieder neu „auflädt". Ich kann mich nur wiederholen, aber ich brauche dich! Ich brauche dich! Ich brauche dich! Und weil du mir in deiner großen Liebe so treu bist, möchte ich dir *mein Ja* zum gehorsamen Warten auf dich geben. Weil ich weiß, dass du es gut mit mir meinst und eine Ladung voller Segen im Gepäck hast. Ich möchte dir heute schon DANKE für alles sagen, was du mir bereits geschenkt hast! Danke für deinen Sohn, der für meine Schuld – und Ungeduld – ans Kreuz gegangen ist. Ich liebe dich. Amen.

10.

MEIN JA
ZUR PERFEKTEN LIEBE

„Vor allem aber bringt einander
eine tiefe und herzliche Liebe entgegen,
denn die Liebe, so sagt uns die Schrift,
deckt viele Sünden zu."

1. PETRUS 4,8 (NGÜ)

> Quote der Woche:
> „Nimm diese perfekte Liebe an, um sie an eine
> unperfekte Welt voller unperfekter Menschen
> weitergeben zu können!"

Ja, es wird auf dieser Erde immer ein Risiko bleiben, jemandem einen Teil seines Herzens anzuvertrauen. Denn die Gefahr, verletzt zu werden, ist sehr groß. Wahrscheinlich hast du das, genau wie ich, auch schon erlebt. *Doch wir wurden mit dem Bedürfnis nach Liebe erschaffen.* Dieses Bedürfnis hat Gott höchstpersönlich in uns hineingelegt, weil er die perfekte Liebe ist und uns an dieser perfekten Liebe teilhaben lassen wollte. Doch wir Menschen sind (alle!) fehlerhaft: „[...] **denn alle haben gesündigt, [...] und**

dass sie für gerecht erklärt werden, beruht auf seiner Gnade" (Römer 3,23–24; NGÜ). Wir haben einander verletzt und betrogen, in welcher Form auch immer.

Somit hat sich hinter das Wort „Liebe" auch das Wort „Angst" gestellt. Deswegen hat Gott „einen weiteren Anlauf gestartet" und uns seinen Sohn gesandt, der am Kreuz für uns gestorben ist, damit wir diese unbegreiflich große Liebe Gottes neu erleben können – ganz egal, was wir vorher erlebt oder auch selbst verbrochen haben. *Echte Liebe ist Gottes unverdientes GESCHENK an uns, das wiederum ein Beweis seiner großen Gnade ist!*

Lass deine Enttäuschungen und Verletzungen nicht alles kaputtmachen und dir von ihnen die Freude an der echten Liebe nehmen, die du bekommen hast, aber die du auch GEBEN kannst! Denn dank des Kreuzes, dank der Liebe, die alle Sünden auf sich genommen und ausgelöscht hat, haben wir die Chance bekommen, selbst neu zu lieben!

Was wäre es für eine traurige Welt, wenn wir alle die Liebe beziehungsweise den Glauben an die Liebe verlieren würden, weil wir schon einmal oder auch mehrfach eine schlechte Erfahrung mit ihr gemacht haben? Es würde bedeuten, dass wir Gottes Geschenk gar nicht wertschätzen würden!

Ich weiß nicht, wie das bei dir ist, aber ich habe noch nie ein Geschenk stehen gelassen! Bitte lass auch du dieses Geschenk nicht einfach wirkungslos und verpackt stehen. *Nimm diese perfekte Liebe an, um sie an eine unperfekte Welt voller unperfekter Menschen weitergeben zu können, und du wirst sehen, was für einen WUNDERvollen Unterschied sie in deinem und in dem Leben deiner Mitmenschen bewirken wird!*

Wenn du diese Liebe angenommen hast, wird der nächste Schritt die Vergebung sein. Bitte Gott, dir dabei zu helfen, denen zu vergeben, die dich so verletzt haben. Dazu kannst du gerne das „Vaterunser" beten. „Vergib uns unsere Schuld, wie auch wir vergeben unseren Schuldigern." Dieser Satz ist nicht zufällig in das „Vaterunser" gestolpert. Gott hat uns mit der Möglichkeit, sich für Vergebung zu entscheiden, noch ein anderes wundervolles und zunächst verstecktes Geschenk gemacht: das Geschenk der Leichtigkeit und der Freiheit – ja, der Freiheit, wieder neu zu lieben und dich vielleicht auch neu zu verlieben!

1. Schreibe auf, welche Erfahrungen dir in deinem Leben den Glauben an die echte Liebe genommen haben.

2. Nun bring diesen Zettel vor Gott. Gib ihn an ihn ab, indem du selbst um Vergebung bittest für die Situationen, in denen du an jemand anderem schuldig geworden bist, und indem du denjenigen vergibst, die dich verletzt haben!

RÜCKBLICK:

3. Konntest du ein paar Zweifel loswerden und dich wirklich Gott „überlassen"?

GEBET:

„Vergib mir meine Schuld, wie auch ich vergebe meinen Schuldigern." Es war nicht leicht, diesen Satz auszusprechen, doch ich möchte diesen Konflikt wirklich hinter mir lassen! Mein Jesus voller Liebe, ich gebe dir **mein Ja** zu deiner perfekten Liebe! Zur echten Liebe! Denn wenn sich jemand mit wahrer Liebe auskennt, dann bist du das, weil du selbst die Liebe bist! Was für eine Vorstellung... Bitte heile meinen kaputten Bezug und meine verzerrten Vorstellungen von diesem Thema. Bitte stelle das Vertrauen in die Liebe wieder in mir her, das ich auf dem Weg verloren habe. Ich möchte so gern mehr Liebe in meinem Leben erfahren. Bitte öffne du hierzu die himmlischen Türen, dass deine Liebe mich wirklich überall „überrennt". Und nicht nur für mich bitte ich, sondern auch für andere, die mir auf dem Herzen liegen. Denn ich möchte diese perfekte Liebe in diese unperfekte Welt hinaustragen! In Jesu Namen. Amen.

MEIN JA
ZU SEINER STÄRKE

„Du, Herr, wirst mir dein Erbarmen nicht entziehen,
deine Gnade und deine Treue
werden mein ständiger Schutz sein!"
PSALM 40,12 (NGÜ)

> Quote der Woche:
> „Meine Schwächen sind ein Signal dafür, dass ich mich noch mehr in Gottes Nähe begeben muss."

Wie oft hast du in deinem Leben wohl schon „versagt"? Du hast dir vorgenommen, gewisse Dinge nicht mehr zu tun, doch kaum ergibt sich die nächste Gelegenheit, tappst du wieder in die gleiche Falle. Du bereust bitterlich und in einem zaghaften Gebet entschuldigst du dich: „Ich werde es nie wieder tun" – bis die Versuchung das nächste Mal an deine Tür klopft …

Ähnlich erging es sogar den Jüngern. Jesus wusste, dass er sehr bald gekreuzigt werden würde. Wenn ich an seiner Stelle gewesen wäre, hätte ich mich in die Arme meiner Jünger geschmissen und geschrien vor Angst. Jesus hatte auch Angst, doch er warf sich im Gebet in die Arme Gottes! Und was war mit den Jüngern? Sie hatten Jesus vor sich (!) und schafften es nicht einmal, im Garten Gethsemane, kurz vor seinem Verrat, für ihn wach zu bleiben. Jesus verstand, dass sie aufgrund ihrer Menschlichkeit zu schwach waren, und erklärte das mit den Worten: **„Der Geist ist willig, aber das Fleisch ist schwach"** (Matthäus 26,41; LU).

Als er ein zweites Mal zum Beten wegging, schliefen sie wieder ein. Und Jesus ließ sie schlafen, als er zurückkam (vgl. Matthäus 26,43–44). Dann ging er ein drittes Mal, um mit seinem Vater im Himmel zu sprechen. Erst danach weckte er sie: **„Ihr schlaft immer noch und ruht euch aus? Jetzt ist es so weit, die Stunde ist gekommen: Der Menschensohn wird den gottlosen Menschen ausgeliefert. Steht auf, lasst uns gehen!"** (Matthäus 26,45–46).

Jesus hat nicht „rumgeheult": „Ich bin so enttäuscht von meinen Freunden! Keiner kümmert sich um mich!" Nein, er suchte die Nähe zu Gott. So oft glauben wir, dass wir aufgrund unseres Scheiterns von Gott nicht mehr geliebt werden, und distanzieren uns von ihm. Das Beispiel der Jünger zeigt uns nicht nur, dass Jesus sie DENNOCH liebte, sondern auch, dass er verstand, dass sie schwach waren. Und er wollte sie trotzdem in seiner Nähe haben!

In der Bibel lesen wir sehr oft vom Scheitern der großen Helden. Eines aber verbindet sie alle: *Sie haben es gewagt, TROTZ ihrer Schwächen immer wieder die Gegenwart Gottes zu suchen.* **„Von allen Seiten dringt Unheil auf mich ein, meine Sünden haben mich eingeholt – es sind so viele, dass ich sie nicht mehr überblicken kann. Sie sind zahlreicher als die Haare auf meinem Kopf – und mein Herz ist ganz verzagt"** (Psalm 40,13; NGÜ). Voll beladen mit Schuld läuft David mit diesen Worten zu Gott und bittet ihn,

ihn zu befreien! **„Herr, mögest du Gefallen daran haben, mich zu retten! Komm mir schnell zu Hilfe, Herr. [...] mein Gott, zögere nicht länger!"** (Psalm 40,14+18; NGÜ).

Ich glaube wirklich, dass wir sehr viel von David, diesem „Mann nach dem Herzen Gottes", wie er in 1. Samuel 13,14 genannt wird (er? Wow!), lernen können! Denn wie oft rennen wir in unserer Scham und Schuld von Gott weg? Du hast wieder einmal gelästert, dir die Arme aufgeritzt, Pornos angeschaut oder dir gewünscht, du wärst mit jemand anderem verheiratet. Ist das gut in Gottes Augen? Nein! **„Der Geist ist willig, aber das Fleisch ist schwach"**, das weiß Jesus. Ist seine große Gnade ein Freischein dafür, mit alldem einfach weiterzumachen? Nein! **„Deine Gnade und deine Treue werden mein ständiger Schutz sein"**, damit möchte Gott dir den notwendigen Schutz mitgeben, bis du es geschafft hast! *Du musst aber selbst die Entscheidung treffen, frei werden zu wollen!* Ja, du darfst fallen. Aber du sollst immer wieder bewusst MIT IHM aufstehen. *Der Tag deines Durchbruchs wird kommen, wenn du immer wieder zu deinem himmlischen Vater rennst.* Und du wirst staunen, wie Gott dich mit der Zeit in seiner Gnade und Treue begleiten, aufrichten und zu einem Menschen nach seinem Herzen verändern wird!

1. Was sind diese „Schwächen" in deinem Leben, die dich dazu bringen, dich immer wieder von Jesus zu distanzieren?

2. Ist dir wirklich bewusst, dass Gottes Treue dich ein Leben lang begleitet? Was bedeutet das in deinem Leben konkret?

RÜCKBLICK:

3. Und? Hast du es geschafft, alte Verletzungen bewusst an Gott abzugeben? Wie geht es dir damit?

GEBET:

Jesus, ich glaube, du hast mich ertappt! Wahrscheinlich wäre ich auch wie die Jünger eingeschlafen, statt mit dir wach zu bleiben. Doch damit soll jetzt Schluss sein! Ich gebe dir *mein Ja* zu deiner Stärke, denn mein Fleisch ist schwach und wird mich immer wieder hängen lassen. Deshalb brauche ich mehr VON DIR in meinem Leben! Bitte schenke mir göttliche Kraft, in Zeiten der Versuchungen durchzuhalten. Denn ich möchte die Nähe zu dir niemals verlieren. Danke für deine Treue und danke, dass ich Zugriff auf deine Stärke haben darf! Lass mich das diese Woche deutlich erleben. Amen.

MEIN JA
zum Glauben an meinen Traum

„Der Herr sprach zu mir: ‚Was ich dir in dieser Vision sage, das schreibe in deutlicher Schrift auf Tafeln! Jeder soll es lesen können. Denn was ich dir jetzt offenbare, wird nicht sofort eintreffen, sondern erst zur festgesetzten Zeit. Es wird sich ganz bestimmt erfüllen, darauf kannst du dich verlassen. Warte geduldig, selbst wenn es noch eine Weile dauert!'"

HABAKUK 2,2–3

> Quote der Woche:
> „Dein Traum braucht deinen Glauben!"

Wie habe ich geweint, als ich das kleine lila Büchlein „His Princess – Love Letters from your King" („Seine Prinzessin – Liebesbriefe deines Königs") von Sheri Rose Shepherd in meinem Buchregal fand! Ich hatte es vor langer Zeit in Australien mit meinem wenigen Geld gekauft. Als ich dann zu Beginn der Corona-Krise Zeit für mich hatte, erinnerte ich mich wieder daran. Es war für mich ein ganz neues Gefühl, einmal nicht auf Tour zu sein, sondern einfach still zu werden und zu reflektieren: „Was machst du eigentlich? Was ist in den letzten Jahren aus dir geworden? Bist du noch in Gottes Plan?" Und da schlug ich direkt die Seite auf, auf die ich damals mit einem Kugelschreiber geschrieben hatte: „Heim für Essgestörte – Gottes Antwort! 17. Juli 2009". Das war 11 Jahre zuvor. Ich weinte los, DENN JEDES WORT, das ich da las, WAR WAHR GEWORDEN!

Hier ein Auszug aus dem Andachtstext: „Du wurdest von mir handgepickt, um eine Welt zu erfrischen, die trocken und durstig ist. So viele fühlen sich verloren und einsam. Meine Auserwählte, ich werde dir zeigen, wie man ihnen lebendiges Wasser bringt und wie du sie zu der wahren Liebe führen kannst, nach der sie sich sehnen. Ich werde einen Weg schaffen, wie du sie zu mir führen kannst!"

All das darf ich heute tatsächlich erleben! Nein, den Text hatte nicht ich geschrieben, aber ich weiß, dass genau das mein Herzensanliegen gewesen war und ich diese Worte für mich persönlich angenommen hatte. Ich wusste nicht, wie es Realität werden könnte, doch ich träumte damals von einem Haus für Frauen mit Essstörungen. Alles in mir brannte schon vor elf Jahren dafür, Menschen zu helfen, und an diesem Tag habe ich mein Ja, meinen Stempel, daruntergesetzt mit dem konkreten Wunsch: „Heim für Essgestörte".

Fünf Jahre später stand dieses Haus und die ersten Mädchen sind eingezogen. *Es gibt keinen einzigen Traum, der Gott zu groß ist oder der für ihn nicht realisierbar wäre!*

„Und wer an Jesus glaubt, kann sich voll Zuversicht an Gott wenden; denn wenn wir ihn um etwas bitten, was seinem Willen entspricht, erhört er uns" (1. Johannes 5,14; NGÜ). Das ist so ein Vorrecht, das er uns, die wir an ihn glauben, gibt! **„Für den, der glaubt, ist alles möglich!"** (Markus 9,23; NGÜ). *Wie wäre es, wenn du wirklich GLAUBEN würdest, dass dein Traum wahr werden wird; wenn du wirklich VERTRAUEN würdest, dass dies zur richtigen ZEIT geschehen wird, und bis dahin GEDULDIG dafür beten würdest?*

Ich merke, dass die Inhalte der Songs, die ich schon als Teenie voller Überzeugung gesungen habe, inzwischen Realität geworden sind. Ob es Texte waren wie „Ich möchte Menschen am Ende der Welt von dir erzählen" oder sogar „Ich möchte, dass du mich zerbrichst!". Oh ja, so etwas habe ich gesungen und es ist geschehen! Keine Sorge, zum Schluss hat es mich nur stärker gemacht und es war ein wichtiger Lernprozess für mich. Aber was will ich dir damit sagen? *Dein Traum braucht deinen Glauben!* Setze deine Unterschrift darunter. Die Worte, die du darüber aussprichst oder aussingst, haben Macht! Die Worte, die du im Glauben auf Papier setzt, gravieren sich nicht nur in dein Herz ein – sondern werden durch das Gebet auch auf Gottes „To-do-Liste" gesetzt. Und zu seiner Zeit wird es nach seinem Willen so geschehen!

1. Was ist der „große Traum" in dir, den du kaum auszusprechen wagst?

2. Schreibe deinen Traum hier auf und setze mit dem heutigen Datum deine Unterschrift, dein Ja, darunter.

RÜCKBLICK:

3. Konntest du trotz deiner Schwächen bewusst Jesu Nähe suchen, anstatt von ihm davonzurennen?

GEBET:

Jesus, danke für diese Ermutigung! Wenn ich so darüber nachdenke, dann komme ich ganz schnell ins Zweifeln und wage es gar nicht, richtig „groß zu träumen". Doch ich weiß, dass, selbst wenn ich allein nicht viel bewirken kann, DU es durch mich tun kannst! Ich möchte aufhören, den negativen Gedanken Raum in mir zu geben, obwohl DIR doch alle Macht im Himmel und auf der Erde gegeben ist! Deswegen gebe ich dir *mein Ja* zum Glauben an meinen Traum! Lass du diesen Traum, den ich aufgeschrieben habe, nicht nur wachsen, sondern wahr werden! In Jesu Namen. Amen.

MEIN JA
DAZU, MEINEN TRAUM „GEHEN ZU LASSEN"

„Denn noch nie ist einem so etwas zu Ohren gekommen. Seit die Erde besteht, hat noch niemand von einem Gott wie dir gehört oder einen Gott gesehen, der es mit dir aufnehmen könnte. Nur du kannst den Menschen, die auf dich vertrauen, wirklich helfen!"

JESAJA 64,3

> Quote der Woche:
> „Während du wartest, arbeitet Gott für dich!"

Es gibt Zeiten in unserem Leben, in denen wir selbst nichts tun können, außer abzuwarten. Und das ist für „Macher" wie mich, die immer neue Ideen haben, sehr schwierig. Vielleicht bist du genauso ungeduldig wie ich. Es kann ein gebrochenes Bein sein, das dich davon abhält, den Marathon zu laufen, für den du so lange trainiert hast; die Kündigung deines Traumjobs, ohne einen neuen Job in Aussicht zu haben, obwohl du ständig zum Arbeitsamt rennst; oder auch dieser Song, den du geschrieben hast, von dem du glaubst, dass er ein Hit werden könnte, aber irgendwie gelangt er einfach nicht in die Hände der Entscheidungsträger. In solchen Situationen sitzt du vielleicht da und denkst dir: „Aber ich habe doch alles dafür getan! Ich war doch so fleißig!"

Ja, das warst du. *Doch manches musst du erst etwas „gehen lassen", damit es in seiner besten Version erscheinen kann!* Ich nutze hier ganz bewusst die Formulierung „gehen lassen", denn vielleicht kommt sie dir vom Backen bekannt vor. Wenn du schon einmal einen leckeren Hefezopf gebacken hast, wirst du wissen, dass es essenziell wichtig ist, diesen erst einmal an einem warmen Ort und zugedeckt „gehen zu lassen". Ansonsten wird er niemals die Form annehmen, die du dir erhoffst. Zwar wird er weiterexistieren, doch nur sein halbes Potenzial entwickelt haben!

Und so ist es auch mit dem, was du auf dem Herzen hast. Gott will dir helfen, indem er sagt: „Jetzt lass deinen Traum erst einmal gehen!" Und ja, das bedeutet, ihn erst einmal loszulassen, aber nur, damit er „ausgewachsen" und mit seinem vollen Potenzial zu dir zurückkommen kann! Das ist die bekannte Vertrauensschule Gottes. *Denn er hilft denen, die ihm vertrauen!* Aber dazu musst du deinen Traum eben „gehen lassen" können. Und während dein Traum dann Form annimmt, kannst du dir sicher sein, dass er unter Gottes warmer Segensdecke gut aufgehoben ist. Und du? Du darfst in diesem Vertrauen ruhen! Ja, jedes Mal, wenn du in Zukunft denkst: „Es passiert nichts", darfst du an dieses Bild des leckeren Hefezopfes denken.

Ich liebe die englische Version des nächsten Verses in diesem Kapitel, der noch direkter und somit noch klarer ist: **„No ear heard,**

no eye seen, a God like you who works for those who wait for him" (Jesaja 64,4; The Message). Das heißt übersetzt: „Kein Ohr hat davon gehört, kein Auge einen Gott wie dich gesehen, der für diejenigen arbeitet, die auf ihn warten!" Was für ein Gedanke! Gott arbeitet für dich, während du wartest! Während dein Traum sein Potenzial entwickelt, klopft Gott schon an die Tür der richtigen Manager, damit sie sich deinen Song anhören, ruft den Arbeitsplatz deiner Träume ins Leben, den es vielleicht vorher noch gar nicht gegeben hat, und bereitet deinen Ehemann oder deine Ehefrau gerade auf euer erstes Treffen vor! Du darfst RUHEN, während du VERTRAUST und auf SEIN Handeln wartest. Genieß es!

1. Was sind die Bereiche in deinem Leben, in denen du das Gefühl hast, „schon alles getan" zu haben, und nicht verstehst, weshalb es nicht weitergeht?

2. Bist du bereit, sie einen Moment „gehen zu lassen"?

RÜCKBLICK:

3. Letzte Woche hast du deinen Traum auf Papier gebracht. Wie fühlt es sich an, ihn aufgeschrieben zu haben? Bist du nun bereit, diesen Traum erst einmal „gehen zu lassen"?

GEBET:

Jesus, so vieles hätte ich gern sofort. Mach mir bewusst, dass du arbeitest, während ich meine, dass sich nichts tut. Hilf mir, dir in diesen Bereichen ganz zu vertrauen und nicht die Freude und Zuversicht zu verlieren. Ich entscheide mich heute, dir auch dieses Ja zu geben! Ich gebe dir *mein Ja* dazu, loszulassen und meinen Traum „gehen zu lassen" – im Vertrauen darauf, dass du mir nur helfen möchtest! Ich liebe dich. Amen.

MEIN JA
zur Gunst

„Ihm glückte alles, was er unternahm!"

1. MOSE 39,2

> Quote der Woche:
> „Die Gunst Gottes wird dir auch am Ende deiner Hoffnung neue Türen öffnen!"

Wenn du Wikipedia nach einer Erklärung des Wortes „Gunst" befragst, dann kommt dabei Folgendes heraus: „Ein Gunsterweis ist ein deutliches Anzeichen dafür, dass man für einen anderen Menschen nur etwas Gutes will." So sehe ich meinen liebenden Gott. Und so erlebe ich auch sehr oft seine Gunst in meinem Leben! *Ich bin davon überzeugt, dass die Meinung, die du von Gott hast, eine große Rolle dabei spielt, ob du sein Wohlwollen erlebst oder nicht.* Du kannst dir in diesem Punkt tatsächlich selbst im Weg stehen. Mit Gedanken wie „Ich bin es nicht wert, dass Gott mir Gutes gibt!" oder „Ich bin so ein Versager, wieso sollte er sich meiner annehmen?" errichtest du selbst eine Mauer zwischen Gottes Güte und dir. Denn du bist nicht zum Empfangen bereit.

Nehmen wir als Beispiel Josef. Er war das jüngste von vielen Geschwistern, das Nesthäkchen. Er WUSSTE, wer er war, und er WUSSTE, dass er von seinem Vater geliebt war. So sehr, dass es seine älteren Brüder eifersüchtig machte und sie ihn als Sklaven verkauften. In diesem Moment hätte Josef auch denken können: „Ja, ja, Gott ist gut... Von wegen!" Aber er entschied sich, seinen Blick auf Gott gerichtet zu halten, weil er WUSSTE, dass Gottes Güte ihn überallhin begleiten würde, wie es sich später auch bewahrheiten sollte: **„Aber der Herr hielt weiterhin zu Josef. Er stand ihm bei und sorgte dafür, dass der Gefängnisverwalter ihm wohlgesinnt war"** (1. Mose 39,21).

Josef entschied sich, genau das zu glauben und darauf zu vertrauen, dass Gottes Gunst ihm folgen würde, ganz egal wohin seine Brüder ihn verschleppen lassen würden. Sonst hätte er auch niemals diesen Satz aussprechen können, als sie Jahre später wieder aufeinandertrafen: **„Macht euch keine Vorwürfe, dass ihr mich hierher verkauft habt, denn Gott wollte es so! Er hat mich vorausgeschickt, um euch zu retten"** (1. Mose 45,5).

Und genau das macht den Unterschied in einem Leben! Diese Haltung befreit von Selbstmitleid und Nörgeln und ließ Gottes Worte in Josefs Leben so real werden. So erfüllte er Gottes Plan und stellte unter Beweis, dass Gottes Zusage tatsächlich stimmt: **„Alles trägt zum Besten derer bei, die Gott lieben; sie sind ja in Übereinstimmung mit seinem Plan berufen"** (Römer 8,28; NGÜ). Und in Gottes Plan stand, dass Joseph erst einmal Sklave des Pharaos werden sollte. Aber das war nicht das Ende der Geschichte! Die Gunst Gottes begleitete ihn auch an den Hof des Pharaos. Und so sahen alle, dass Josef alles gelang, was er unternahm.

Wenn Gottes Gunst auf dir ist, bleibt das nie ohne Konsequenzen! *Die Gunst Gottes wird dir auch am Ende deiner Hoffnung neue Türen öffnen.* **"Deshalb bevorzugte er [Potifar, der Hofbeamte und Oberbefehlshaber der königlichen Leibwache des Pharaos] ihn [Josef] vor allen anderen Sklaven und [...] vertraute ihm seinen ganzen Besitz an"** (1. Mose 39,4).

Wie Josefs Geschichte weitergeht, kannst du gerne nachlesen. Um es kurz zu machen: Gott segnete Josef durch und durch und dank der Gunst auf seinem Leben wurden viele weitere Menschenleben gerettet – unter anderem die seiner Brüder, die ihn verkauft hatten ...!

Vielleicht stehst du gerade erst ganz zu Beginn deiner persönlichen „Josef-Geschichte" und du fühlst dich einsam und verlassen. Wirst du wie Josef die Entscheidung treffen, Gott und seiner Gunst auf deinem Leben dennoch zu vertrauen? Wirst du dich richtig positionieren, um den Fluss dieser Gunst zu empfangen? Oder werden dein Zweifeln und Nörgeln wie eine Mauer um dich herumstehen, sodass du nicht einmal mitbekommst, dass eigentlich alles um dich herum bereitsteht für DEINEN MOMENT? **"Was ist denn Glaube? Er ist ein Rechnen mit der Erfüllung dessen, worauf man hofft, ein Überzeugtsein von der Wirklichkeit unsichtbarer Dinge"** (Hebräer 11,1; NGÜ).

1. Bist du bereit, jetzt in diesem Moment zu sagen: „Ich vertraue darauf, dass Gott einen GUTEN Plan für mein Leben hat, auch wenn dieser im Moment noch nicht zu erkennen ist"?

2. Versuche diese Woche bewusst dein Nörgeln in Danksagungen zu verwandeln!

RÜCKBLICK:

3. Ist dir aufgefallen, dass dein Leben leichter geworden ist, nachdem du deinen Traum in Gottes Händen „gehen lässt"? Wofür bist du dankbar?

GEBET:

Jesus, heute möchte ich meine alte Denkweise ein für alle Mal loslassen. Ich glaube an die Gunst, die du mir schenken kannst und willst. Deswegen gebe ich dir *mein Ja* zur Gunst! Und ich kann es kaum erwarten, diese zu erleben. Ja, erneuere mein Denken! Ich möchte aufhören, herumzunörgeln, und anfangen, dankbarer zu werden – gerade dann, wenn ich das Gefühl habe, dass du mich vergessen hast. Denn das tust du niemals! Ich möchte deinem guten Plan vertrauen, ganz egal, wo ich mich gerade befinde. In Jesu Namen. Amen.

MEIN JA
ZU DURCHDACHTEN ENTSCHEIDUNGEN

„Gebt also sorgfältig darauf Acht, wie ihr lebt!
Verhaltet euch nicht wie unverständige Leute,
sondern verhaltet euch klug."
EPHESER 5,15 (NGÜ)

> Quote der Woche:
> „Entscheide dich immer VORHER,
> was deine WERTE sind, und dann HALTE daran fest –
> komme, was wolle!"

Nehmen wir an, du hast Freitagabend ein Date. Alles in dir sehnt sich danach, endlich wieder in den Arm genommen zu werden, schmeichelnde Worte zu hören und den/die Partner/-in fürs Leben zu finden. Du kennst die Person, mit der du dich triffst, allerdings noch nicht wirklich, denn du hast sie bisher nur online kennengelernt. Natürlich gehst du vorbereitet zu diesem Date. Äußerlich. Du trägst dein bestes Outfit und riechst so gut wie die ganze Woche nicht. Alles in dir schreit: „Hoffentlich wird es heute etwas! Ich will, ich will, ich will!"

Dein Date sitzt schon am Tisch hinter dem flackernden Licht einer Kerze und dein Herz rast: „Wow!" Alles an ihm/ihr spricht dich an und seine/ihre ersten Worte bringen dein Herz vollends zum Schmelzen. Und dann kommt der Moment, in dem er/sie dir erzählt, dass er/sie verheiratet ist. Aber er/sie sei „sehr unglücklich verheiratet" und wolle sich eh trennen, weil er/sie sich so in dich verliebt habe. In diesem Moment schießt dir das Glas Wein in den Kopf und du weißt nicht mehr, was du denken sollst.

Was wirst du tun? Je nachdem, wie du innerlich aufgestellt bist beziehungsweise wie du darauf vorbereitet bist, ist das Risiko größer oder kleiner, dass du dich trotzdem auf diese Person einlässt. Aber jedes noch so kleine Risiko ist immer noch zu groß! Deswegen sage ich dir: *„Entscheide dich immer VORHER, was deine WERTE sind, und dann HALTE daran fest – komme, was wolle!"* Das bedeutet, dass du dich auf solche Situationen vorbereiten musst. So oder so sind in diesem Fall Tränen und Schmerz vorprogrammiert. Doch das Prinzip gilt nicht nur für dieses große Thema Liebe. Es gilt genauso im Alltag. Zu Hause oder an deinem Arbeitsplatz. Diese eine Kollegin zum Beispiel, die es immer wieder schafft, dich zu provozieren. Wenn du dich vorher schon entscheidest, ihr aus dem Weg zu gehen, und oder wenn ihr euch begegnet, es innerlich nicht zuzulassen, dass sie dich wieder verletzt, dann wirst du ihr die Macht über dich nehmen.

Genau so ist es mit Süchten. Wenn du vorher schon die Situation, die dich triggern könnte, im Kopf durchgehst und dich bewusst entscheidest, stark zu bleiben, wird es dir zwar trotzdem nicht immer gelingen, dem Suchtdruck standzuhalten, aber es wird dich langfristig stärker machen, da du ein Bewusstsein für deine schwachen Momente hergestellt hast und sie nun bewusst bekämpfen kannst!

Ich habe zum Beispiel gemerkt, dass es mich stresst und mir unterbewusst immer wieder das Gefühl gibt, nicht genug zu sein oder zu tun, wenn ich auf Instagram diesen extremen Fitnessmodels folge. Also tue ich das einfach nicht mehr. Auch hier entscheide ich mich VORHER, diesen Bildern in meinem Leben keinen Raum zu geben.

Die ständigen Werbungen, die mir sagen, dass ich schlanker sein sollte, kann ich nicht aus meinem Leben löschen, doch meine Reaktion auf sie kann ich ändern – und auch das entscheide ich VORHER. Ich entscheide vorher, dass ich das Hier und Jetzt genieße und mir das durch nichts und niemanden nehmen lasse! Aber dafür braucht es eine gute Strategie. Ich zum Beispiel unterhalte mich dann mit der Person in der Werbung. Das ist echt lustig anzusehen, nehme ich an. Wenn die Stimme in der Werbung sagt: „Du willst schlanker sein?", antworte ich: „Nein, danke, es geht mir gut! Ich finde mich wunderschön!"

So gebe ich diesem „Blabla" gar keine Macht mehr über mein Leben und lasse die Werbung blass aussehen. Das macht richtig Spaß, probiere es doch auch mal aus! Ich ermutige dich, diese Woche sorgfältig hinzuschauen, wie du lebst, um herauszufinden, was deine „Stolperfallen" im Leben sind, gegen die du dann mit aller Kraft ankämpfen kannst: **„Denn Gott hat uns nicht einen Geist der Ängstlichkeit gegeben, sondern den Geist der Kraft, der Liebe und der Besonnenheit"** (2. Timotheus 1,7; NGÜ).

1. Was sind deine „Stolperfallen"? Wo lässt du dich triggern und dir im Alltag die Freude nehmen? Wie kannst du dem entgegenwirken?

2. Welche Entscheidung kannst du JETZT, also vorher, treffen, die dir DANN helfen wird? Vielleicht fängst du auch an, mit der Werbung zu reden?

RÜCKBLICK:

3. Ist es dir gelungen, Gott zu vertrauen, dass er auch JETZT gerade alles richtig macht in deinem Leben – auch wenn es wehtut? Was hat dir dabei geholfen?

**GEBET:**

Jesus, du hast so einen hohen Preis für mich bezahlt. Du hast sogar dein Leben für mich gegeben, weil ich dir das wert war! Hilf mir bitte, diesen Wert auch selbst bewusst wahrzunehmen. Denn dann wird es mir leichter fallen, richtige Entscheidungen zu treffen. Ich bitte dich um Weisheit, die nur von dir kommen kann! Dieses Geschenk, das du mir gemacht hast, möchte ich schätzen, ehren und schützen. Weil du mir das ebenso wert bist. Du bist alles für mich. Deswegen gebe ich dir *mein Ja* zu durchdachten Entscheidungen. Ich möchte bereit sein für jegliche Situationen und sie mit Weisheit angehen. Amen.

MEIN JA ZU GOTT

„Gott selbst ist ja in euch am Werk und macht euch nicht nur bereit, sondern auch fähig, das zu tun, was ihm gefällt."
PHILIPPER 2,13 (NGÜ)

> Quote der Woche:
> „Du bist, wie du bist, weil es dich braucht, wie du bist."

Als ich plötzlich und unerwartet „über Nacht" als die singende Flugbegleiterin bekannt wurde, änderte sich mein Leben schlagartig. Doch zu diesem Zeitpunkt wusste ich weder, wer ich war, noch war ich selbstsicher genug, um zu erkennen, dass hier Gottes Plan für mein Leben Realität wurde – und das, obwohl ich schon so oft davon geträumt hatte! Aber dann, als es passierte, überrollte mich meine Unsicherheit.

Die vielen Promo- und Pressetermine machten mich furchtbar nervös, denn ich hatte eine riesige Angst, nicht gut genug zu sein. Und so verlor ich mich in diesen negativen Gedanken, anstatt zu erkennen, auf welchen wundervollen Weg Gott mich da geführt hatte. Ich verbrachte Stunden damit, mich optisch bereit zu machen – von viel Sport bis hin zu Beauty-Terminen. All das hatte Priorität und automatisch blieb meine Beziehung zu Jesus deshalb auf der Strecke.

Nicht, dass ich aufgehört hätte, an ihn zu glauben oder zu beten. Aber anderes gewann die Oberhand, wie so oft bei Erfolgs- oder Versagensmomenten im Leben. Äußerlich betrachtet war ich bereit. Doch innerlich keinesfalls. Zwar fanden mich alle charmant, hübsch und lieb, doch viel mehr blieb auch nicht in Erinnerung.

Jahre später, nachdem ich verschiedene schmerzhafte Stationen in meinem Leben durchgemacht hatte und mir in einer schweren Depression fast das Leben genommen hätte, bekam ich die nächste große Chance. Wieder öffneten sich die Türen, meine Musik über die Medien bekannt zu machen. Nichts hatte sich in dem Business verändert – außer mir! Ich hatte erkannt, dass ich ohne Gott keine Chance haben würde zu bestehen: **„Mach uns bewusst, wie kurz unser Leben ist, damit wir endlich zur Besinnung kommen"** (Psalm 90,12). Jetzt stand ich, nachdem ich mich „besinnt" hatte, als veränderte Déborah vor der Presse. Als eine Frau, die weiß, dass sie alles, was sie hat und ist, Gott zu verdanken hat. Und die weiß, dass es Gott möglich ist, Menschen aus Depressionen zu befreien – weil sie es selbst erlebt hatte. Und dass er solch schwachen Menschen wie mir eine Plattform geben kann – sie ist ein Geschenk Gottes –, weil er möchte, dass ich diese Hoffnung weitergebe.

Auch meine Sprache hat sich heute völlig verändert. Denn ich versuche nicht mehr, die starke, perfekte Frau vorzugeben. Mein

Schmerz hat meine Sprache so weit verändert, dass für alle sichtbar ist: „Ich brauche Gott!"

Diese neue Ehrlichkeit macht mich nicht nur innerlich, sondern tatsächlich auch äußerlich attraktiv für Menschen und bringt zeitgleich einen großen Frieden in mein Leben. Eine Ruhe, die mich ankommen lässt – bei mir selbst.

Seit diesem persönlichen Wandel wurde mir deutlich, wie meine Musik ebenso anfing, das Leben meiner Zuhörer zu verändern. Meine Lieder hatten sich nicht verändert. ICH hatte mich verändert. Und zwar so sehr, dass ich heute wie ein Zuschauer danebenstehe, während ich dabei zusehe, wie Gott mich gebraucht.

Diese Frau, die jetzt vor der Presse steht, ist stark IN GOTT, nicht in sich selbst. **„Gott selbst ist ja in euch am Werk und macht euch nicht nur bereit, sondern auch fähig, das zu tun, was ihm gefällt."** Er kann das bewirken, was kein Fitnessstudio oder Make-up-Artist aus dir herausholen kann. Du brauchst dich weder verstellen noch versuchen „anders" zu sein, um wie die anderen zu wirken, die in deinem Bereich an der Spitze stehen. *Du bist, wie du bist, weil Gott dich genau so dort haben will, wo du gerade bist. Die Frage ist, ob du erkennst, dass du ihn dort brauchst?*

1. Wenn du ganz ehrlich zu dir bist: Ist es dir momentan wichtiger, äußerlich gut auszusehen oder von innen heraus attraktiv zu werden?

2. Bist du so weit, sagen zu können, dass du Gott wirklich brauchst?

RÜCKBLICK:

3. Wie ist es dir im Kampf gegen deine „Stolperfallen" ergangen?

GEBET:

Jesus, ich finde es heutzutage so schwierig, den Blick nach innen zu richten, denn alle scheinen damit beschäftigt zu sein, ihr Äußeres in Form zu bringen. An meinem Inneren zu arbeiten, erscheint mir manchmal wie pure Zeitverschwendung – vor allem, weil es so frustrierend ist, wenn ich die Veränderungen nicht gleich sehe. Bitte verändere du meine Denkweise darüber, denn an meinem Inneren zu arbeiten bedeutet schließlich, mir einzugestehen, dass ich dich brauche. Und das will ich sagen: „Ich brauche dich!" Deswegen gebe ich dir **mein Ja**! Komm und verändere mich von innen heraus, sodass ich eine Schönheit ausstrahle, die die Welt noch nicht gesehen hat! Scheine du durch mich hindurch. Amen.

MEIN JA
ZU FITNESS

„Er sieht doch all mein Tun, er kennt jeden Schritt."

HIOB 31,4

> Quote der Woche:
> „Wenn du genauso abhängig von der Bibel wirst wie von deinem Fitness-Tracker, dann wirst du ein gesundes Leben führen, das von Kraft und Freude begleitet wird!"

Trägst du auch eine Uhr mit einem Fitness-Tracker? Ich weiß nicht, wann dieser Trend begann, doch nachdem ich so eine Uhr geschenkt bekommen hatte, musste ich jeden Tag nachschauen, ob ich mein Tagesziel erreicht hatte. Mehrfach täglich fiel mein Blick auf diese Uhr. Schon erstaunlich, wie viele Schritte man am Tag gehen sollte und wie oft man dieses Tagesziel nicht erreicht, weil man fast den ganzen Tag sitzt.

Wenn ich mein Ziel nicht erreicht hatte, dann ging ich noch eine Extrarunde laufen. Wieso? *Weil ich gut und richtig mit meinem Körper umgehen wollte – und immer noch will!* Weil sich

Menschen Gedanken darüber gemacht haben, wie viele Schritte am Tag für mein Alter, mein Gewicht und meine Größe „gesund" sind. Genau deswegen kann man so einen Fitness-Tracker ja personalisieren.

Ist es nicht witzig, wie viel Freude uns so ein kleines Gerät macht, und gleichzeitig erschreckend, wie wir einem Gerät „hörig" werden können, aber an Gott so oft vorbeilaufen? An dem, der, wie es in dem Vers diese Woche heißt, „jeden Schritt von uns kennt"!

Auch in den Psalmen liest man: **„Ob ich gehe oder liege, du siehst es, mit all meinen Wegen bist du vertraut"** (Psalm 139,3; NGÜ). Kannst du dir vorstellen, dass Gott keiner deiner Schritte entgeht? Doch nicht nur das! Er zählt nicht nur unsere Schritte, er zählt sogar die Haare auf unserem Kopf, wie es in Matthäus 10, 30 steht: **„Bei euch sind sogar die Haare auf dem Kopf alle gezählt."** Was ist das für ein unglaublicher Gott, der so ein Interesse an dir und mir hat?

Dein Fitness-Tracker könnte jeden Moment den Geist aufgeben oder sich sogar vertun und du würdest es nicht einmal merken! Gott ist ewig und fehlerlos. Das ist ein Unterschied wie zwischen einem alten Fiat und einem Ferrari! Zwischen einer Handtasche vom Discounter und einem Designer-Produkt! Der Glaube ist sozusagen das „All-inclusive-Produkt" inklusive Ewigkeitsgarantie. Das ist nicht zu toppen!

Wie wäre es, wenn es einen Tracker geben würde, der dir statt „Heute zu viele Kalorien, zu wenig Bewegung" sagen würde: „Heute zu viele Sorgen, zu wenig Gebet"? Oder auch: „Heute zu lange herumgesessen, zu wenig deinen Auftrag gelebt!" Wie cool wäre das denn? Ein Tracker, der dich mehrfach täglich daran erinnert, zu beten oder in der Bibel zu lesen? Der dir am Ende des Tages sagt, ob du genügend Glaubensschritte gegangen bist, weil er erkennt, wie viel Potenzial in dir steckt und ob du das vollends ausgekostet hast oder nicht.

Ich kann dir sagen, dass die Bibel so ein Fitness-Tracker für deinen Geist UND deinen Körper werden kann, wenn du so oft dort hineinschaust wie auf deinen Tracker. *Wenn du genauso abhängig von der Bibel wirst wie von deinem Fitness-Tracker, dann wirst du ein gesundes Leben führen, das von Kraft und Freude begleitet wird!* Weil auch Gott möchte, dass du ein Leben führst, mit dem du nicht nur deinem Geist, sondern auch deinem Körper guttust!

1. Wie kannst du dir tägliche Erinnerungen erstellen, Gott mehr in dein Leben einzubeziehen?

2. Wie sehr achtest du auf deine körperliche und geistliche Fitness? Was tust du schon dafür und was könntest du ab sofort noch mehr tun?

RÜCKBLICK:

3. Hast du es geschafft, Gott zu sagen: „Ich brauche dich", und ihn über dein Wirken auf andere Menschen und dein Aussehen zu stellen?

GEBET:

Jesus, ich finde diesen Vergleich sehr eindeutig. Denn es stimmt: Ob es ein Fitness-Tracker ist oder mein Smartphone – mein Blick fällt mehrfach täglich darauf. Doch der Blick zu dir oder in dein Wort, der fällt mir irgendwie schwer. Dabei kennst du nicht nur jeden meiner Schritte, sondern mein ganzes Leben, inklusive meiner Zukunft! Ich erkenne heute, dass dir meine geistliche und körperliche Fitness wichtig sind! Deswegen möchte ich an mir arbeiten und gebe dir hierzu **mein Ja**! Heute treffe ich Entscheidungen für die Dinge, die ich ab sofort umsetzen möchte. Schritt für Schritt. Wenn ich es dir wert bin, dann möchte ich es mir ebenso wert sein. In Liebe, dein Kind.

MEIN JA ZUM MUT

„Aber weil du es sagst,
will ich es tun!"

LUKAS 5,5

Quote: „Wahres Leben beginnt außerhalb deiner Komfort-Zone."

Es geht nicht darum, wie du aussiehst oder was du zu können glaubst oder auch nicht. Es geht darum, was Gott in dich hineingelegt hat! Mose ist hierfür ein perfektes Beispiel. Klar, wir kennen heute schon das Ende seiner Geschichte und feiern ihn deswegen. Doch eigentlich war er ein sehr unsicherer Mann. Als Gott ihm den Auftrag gab, den Israeliten zu sagen, dass er sie aus Ägypten befreien würde, also ihnen eine GUTE Nachricht zu überbringen, traute er sich nicht und argumentierte: **„Keiner wird mir glauben"** (2. Mose 4,1), und: **„Ich bin noch nie ein guter Redner gewesen!"** (2. Mose 4,10). Mose hatte Angst, zu seinen eigenen Leuten zu sprechen! **„Auch jetzt, wo du mit mir sprichst, hat sich daran nichts geändert"** (2. Mose 4,10), entgegnete er Gott. Ist das nicht erstaunlich? Gott spricht direkt zu ihm und Mose hat immer noch Angst!

Kennst du das auch, Angst vor einer bevorstehenden Aufgabe zu haben? Du weißt genau, dass du eigentlich die Antwort auf das Problem hast, oder du hast eine grandiose Idee für deine Firma, doch du traust dich einfach nicht, es auszusprechen. Ich sage dir eines: *Du wirst erst erkennen, welches große Potenzial Gott wirklich in dich hineingelegt hat, wenn du dich außerhalb deiner „Komfort-Zone" bewegst!*

Zum Zeitpunkt meines ersten Albums hatte ich schon ein paar Songs geschrieben gehabt, die ich eigentlich sehr gut fand. Doch auch mir standen meine große Unsicherheit und die Angst im Weg. Als ich schließlich mit meinem Produzenten sprach, schaffte ich es nicht, ihm zu sagen, dass ich eigentlich schon eigene Lieder geschrieben hatte. „[...] **die Worte kommen mir nur schwer über die Lippen"** (2. Mose 4,10). Ja, ich kann Mose sehr gut verstehen.

Was geschah also? Mir wurden Songwriter vorgesetzt, die großartig waren, aber nicht wussten, welche Worte und Inhalte Gott MIR aufs Herz gelegt hatte. Es hatte ganze zwei weitere Alben (also viel Zeit und Geld) gebraucht, bis meine ersten eigenen Songs erschienen. Denn in der Zwischenzeit hatte ich EINEN Song mit einem amerikanischen „Superstar" geschrieben, der mir bestätigt hatte, dass ich Talent habe – und erst in diesem Moment löste sich der Knoten in meinem Kopf.

Manchmal schickt uns Gott solche Menschen über den Weg, die das aussprechen, was wir allein nicht schaffen. Selbst Mose brauchte diese Unterstützung von außen. Als er Gott vorschlug: **„Herr, sende doch lieber einen anderen"** (2. Mose 4,13), war Gott gnädig genug, um zu sagen: „**Ich weiß, dass dein Bruder Aaron sehr gut reden kann. Er ist schon unterwegs und kommt dir entgegen**" (2. Mose 4,14).

Du musst also keine Angst haben, wenn dir Gott etwas auf dein Herz gelegt hat! *Deine Hilfe ist schon unterwegs! Sie kommt dir entgegen, WÄHREND du mutig die ersten Schritte wagst.* Das, was er in dich hineingelegt hat, ist einzigartig und nur bei dir zu finden! Deswegen sagt Gott zu dir: „Geh jetzt! Ich bin bei dir und sage dir, was du reden sollst!" Und du wirst sehen, wie deine persönliche Hilfe dich treffen wird ... während du gehst!

1. Wo fehlt es dir an Mut, laut auszusprechen, was Gott in dich hineingelegt hat?

2. Bist du bereit, diese Woche die ersten Schritte in Richtung deines Auftrags zu gehen? Vielleicht, indem du einen ersten Anruf tätigst, einen ersten Song schreibst oder dich für diesen einen Job bewirbst, obwohl du die ganze Zeit dachtest: „Ich kann das nicht"?

RÜCKBLICK:

3. Konntest du es umsetzen, in dieser Woche mehr an deiner geistlichen und körperlichen Fitness zu arbeiten?

GEBET:

Jesus, auch wenn ich mich wiederhole: Danke für deine Geduld mit mir! Ich weiß, du willst mein Bestes, deswegen hast du mich so erschaffen, wie ich heute bin. Schenke mir den Mut, laut auszusprechen, was ich ganz leise schon in mir höre. Ich will dir damit treu sein, aber auch mein Leben voll und ganz zur Entfaltung bringen und nicht nur ansatzweise. Hier hast du *mein Ja* zu Mut! Ich möchte es wagen, aus meiner Komfort-Zone auszubrechen und mutiger zu werden. In deinem Namen. Amen.

MEIN JA
ZU MEINEM WERT

„Nach mir sollst du verlangen, und ich werde dich sättigen,
ja ich schenke dir Segen im Überfluss!"

PSALM 81,11

> Quote der Woche:
> „Gott ist nicht nur das Gegengift für deine
> Selbstzweifel, er ist die vollkommene Wahrheit!"

Unterschätze niemals, wie bedeutend und wertvoll du für Gott bist! Und unterschätze auch nicht, wie bedeutend er gerne FÜR DICH wäre! Im Duden findest du für die Beschreibung des Wortes „bedeutend" Folgendes: „Eine hohe Qualität und daher einen großen Wert aufweisend". Wie wundervoll! Hast du dich jemals so gesehen?

Wenn wir etwas Wertvolles besitzen, gehen wir sehr behutsam damit um. Ich erinnere mich gut daran, wie ich mich fühlte, als ich mein Glitzer-Mikrofon mit diesen unendlich vielen Swarovski-Steinen geschenkt bekommen hatte. Was für ein wertvolles Mikrofon! Ich wollte es nicht einmal den Tontechnikern in die

Hände geben, weil ich Angst hatte, sie würden seinen wahren Wert nicht erkennen und dementsprechend nicht achtsam genug damit umgehen.

Doch diese Sorge brauchst du bei Gott niemals haben! Er weiß genau, wie wertvoll du bist, weil er bei deiner Erschaffung nicht nur dabei war, er SELBST hat dich erschaffen! Deswegen kennt er deinen einzigartigen Wert und deine ausgezeichnete Qualität! Das einzige Problem ist: DU hast es immer noch nicht ganz gecheckt! Und deswegen verkaufst du dich so oft unter Wert, indem du Dinge tust, die dir schaden; dich in die Hände von Menschen begibst, die deinen Wert nicht erkennen und dir deswegen nicht guttun und dich irgendwann wieder fallen lassen.

„Autsch!", höre ich mich aufschreien, wenn ich darüber nachdenke, dass jemand mein Mikrofon fallen lassen würde. „Autsch!", höre ich Gott aufschreien, wenn es wieder einmal passiert, dass du dich selbst an Orte begibst, die dir nicht guttun. Vielleicht aufgrund der Menschen dort, die dich nicht deinem Wert entsprechend behandeln. Vielleicht aufgrund der Dinge, die du dir dort anschaust und die somit Einfluss auf dich und dein Leben bekommen: Dinge, die dich von innen heraus vergiften. Denn je nachdem in welchem Umfeld du dich aufhältst, wird entweder dein Selbstwertgefühl wachsen oder dein Selbstzweifel.

Wenn dein Umfeld dir immer wieder das Gefühl gibt, nicht genug zu sein, kann es leicht passieren, dass du dir irgendwann selbst einredest, dass sie recht haben – und dass die biblischen Wertschätzungen Gottes vielleicht für alle anderen Menschen gelten mögen, aber nicht für dich. Und je länger du an diesem Ort bleibst, desto mehr vergiftest du die Perfektion Gottes – dich selbst! Die zerstörerischen Lügen sind wie Rauch, der von innen aufsteigt und dir die Sicht auf die Wahrheit vernebelt. Dieser Rauch kann aber auch wieder verschwinden. Denn es gibt diesen göttlichen, reinigenden Wind, der alles, sogar den letzten Dreck, wegwehen kann. Gott muss nur einmal hauchen und alles verändert sich: **„Durch seinen Hauch wurde der Himmel wieder klar"** (Hiob 26,13).

Deswegen habe ich diesen Vers für diese Woche ausgewählt: **„Nach mir sollst du verlangen."** Gott möchte dir all das geben, wonach du dich wirklich sehnst! Und hiermit meine ich etwas, das mehr Wert hat als alles, was du dir kaufen könntest. Er möchte dir die Erkenntnis schenken, wie unglaublich wertvoll du in seinen Augen bist! Er möchte dich von innen heraus stärken, bevollmächtigen und gesundlieben.

Ja, Gott ist nicht nur das Gegengift, das du brauchst, um dich von all den Lügen zu reinigen, er ist die vollkommene Wahrheit! Und er sehnt sich danach, dass du seine Wahrheit über deinen Wert und deine Qualität begreifst.

Aber da gibt es noch etwas: Er möchte auch für dich „von Bedeutung sein". Er will mehr als nur dein Lebensratgeber und Helfer in der Not sein. Er sehnt sich danach, dass alles in dir nach ihm verlangt – und bei ihm wirst du immer wieder die Bestätigung bekommen, wie groß dein Wert ist!

1. War dir vorher schon bewusst, welcher Zusammenhang zwischen deinem Verlangen nach Gott und deinem Selbstwert steht? Welche Gedanken löst das bei dir aus?

2. An welchen Orten hältst du dich immer wieder auf und welche Dinge tust du, die deinem Selbstwert schaden? Was könntest du in Zukunft vermeiden?

RÜCKBLICK:

3. Wo konntest du letzte Woche Mut beweisen?

GEBET:

Vater im Himmel, mit dem Thema Selbstwert habe ich wirklich meine Schwierigkeiten. Ich renne so oft zu anderen Menschen, um mir von ihnen bestätigen zu lassen, was ich wert bin. Und oft kommt genau dann zurück, dass ich eben nicht viel wert bin – in ihren Augen. Verzeih mir, dass ich immer noch nicht begriffen habe, dass ich zu dir rennen muss, um meinen wahren Wert zu erkennen. Nicht nur das – du willst mir Segen im Überfluss schenken! Du willst mein Alles sein! Und ich gebe dir *mein Ja* dazu! Bitte schenke mir ein noch größeres Verlangen nach dir. Ja, du bist mir das Wertvollste! Danke, dass du mir auch immer wieder klarmachst, wie wertvoll ich bin! Ich gebe dir *mein Ja* zu meinem Wert und ich weiß, auf diesem Weg brauche ich dich! Deswegen noch einmal: Ich brauche dich! Ja, ja, ja zu dir! Amen!

MEIN JA ZUR RUHE

„Bei Gott allein findet meine Seele Ruhe,
von ihm kommt meine Hilfe."
PSALM 62,2 (NGÜ)

> Quote der Woche: „Die einzige Form eines Zufalls, die Gott kennt, ist die Liebe, die er dir immer dann zu-fallen lässt, wenn du sie am wenigsten erwartest!"

Relax! Komm runter! Es gibt nichts, was du verpassen könntest, wenn du in Verbindung mit deinem Schöpfer bleibst. Es gibt auch nichts, das so schieflaufen könnte, dass es ihm nicht mehr möglich wäre, einzugreifen und dir zu helfen. Und als „Sahnehäubchen" obendrauf wird deine aktuelle Situation zum Schluss sogar plötzlich Sinn machen und du wirst Gottes Handschrift in allem erkennen!

Sehr oft, wenn wir uns mit Gott beschäftigen, wenn wir neue Dinge lernen und Glaubensschritte wagen, kommt Gegenwind auf und wir denken: „Na super, gerade jetzt!" Dabei ist es meist

GERADE DESWEGEN! Als ich mich dazu entschied, professionell Musik zu machen und mein ganzes Geld in meine Leidenschaft zu investieren, bekam ich erst einmal nur Absagen von Plattenfirmen. Als ich mich nach Liebe sehnte, wollte es einfach mit keiner Beziehung funktionieren, und ich erlebte eine Enttäuschung nach der anderen.

Jetzt, wo mein erstes deutsches Album veröffentlicht ist, ich damit in sämtlichen Hitparaden Deutschlands auf den vordersten Plätzen gelandet bin und die Chance, auf vielen Festivals und in TV-Shows aufzutreten, normalerweise sehr groß wäre, geht Corona um die Welt und alles steht still.

Du wirst das wahrscheinlich nicht anders erlebt haben. Vielleicht steht deine Welt gerade auch still, aber ich möchte dir etwas Wertvolles mitgeben: Gerade weil ich solche Situationen des Ausgebremstwerdens schon oft erlebt habe, weiß ich, dass das kein Zufall und auch kein Grund zur Verzweiflung ist. *Die einzige Form eines Zufalls, die Gott kennt, ist die Liebe, die er dir immer genau zufallen lässt, wenn du sie am wenigsten erwartest!*

Gott hört niemals auf, unseren Glauben zu testen und zu schleifen, damit wir seinem Sohn immer ähnlicher werden: **„Schon vor aller Zeit hat Gott die Entscheidung getroffen, dass sie ihm gehören sollen. Darum hat er auch von Anfang an vorgesehen, dass ihr ganzes Wesen so umgestaltet wird, dass sie seinem Sohn gleich sind. Er ist das Bild, dem sie ähnlich werden sollen"** (Römer 8,29; NGÜ).

Wir Menschen können jedoch nur sehen, was vor Augen ist. Wir planen und rechnen mit dem, was passiert, wenn wir eins und eins zusammenzählen, nämlich zwei! Doch Gott kann locker aus eins und eins 10.000.000 machen! Er muss sich an keine Regeln der Wirtschaft, der Logik, des Musikbusiness oder irgendeines anderen Business halten. Er ist der Herr! Jesus selbst sagt: **„Ich habe von Gott alle Macht im Himmel und auf der Erde erhalten. [...] Ihr dürft sicher sein: Ich bin immer bei euch, bis das Ende dieser Welt gekommen ist"** (Matthäus 28,18+20). *Der, dem alle Macht gegeben ist, der, der zu dir sagt: „Ich bin bei dir!" Hast du das verstanden?* Jetzt, hier, direkt neben dir. Schau mal auf den Platz neben dir. Da könntest du ihn schon finden! Wow!

Wenn die Dinge also gerade völlig anders laufen, als du es dir vorgestellt hast, wieso zweifelst du, wenn der, dem alle Macht gegeben ist, direkt neben dir sitzt? Der, der gesagt hat: **„Denn ich allein weiß, was ich mit euch vorhabe: Ich, der Herr, werde euch Frieden schenken und euch aus dem Leid befreien. Ich gebe euch wieder Zukunft und Hoffnung. Mein Wort gilt!"** (Jeremia 29,11).

Hast du je einen gestressten Angler gesehen? Er weiß, dass er für sein Ziel, Fische zu fangen, sehr viel Geduld braucht. Und manchmal geht es hier um Stunden. Manchmal fängt er auch gar nichts. Doch er bleibt dran, weil er weiß, dass die Fische da sind. Und er weiß, dass sich das Warten und Vertrauen bezahlt machen werden. Jetzt stell dir vor, du darfst warten und währenddessen wissen, dass dein Schöpfer, der es gut mit dir meint und die ganze Welt im Griff hat, dabei neben dir sitzt. Was sollte dich da noch aus der Ruhe bringen?

1. *Lässt du dich hier und da von Terminen oder Aktivitäten unter Druck setzen, weil du den Eindruck hast, sonst etwas zu verpassen?*

2. Wo könntest du diese Woche etwas streichen, um stattdessen einfach „zu sein" und wahrzunehmen, dass ER bei dir ist – und dir vielleicht sogar etwas zu sagen hat?

RÜCKBLICK:

3. Was hast du letzte Woche mit Gott erlebt? Konntest du ihm zeigen, was er dir wert ist?

GEBET:

Jesus, du bist da. Du bist hier, direkt neben mir. Das ist so unfassbar, dass mir keine Worte einfallen, die meine Dankbarkeit beschreiben könnten. Doch ich möchte dir von Herzen danken für diese Reise, auf die du mich mitgenommen hast. Ich verstehe nicht alles, doch langsam verstehe ich, dass ich auch gar nicht alles verstehen muss. Ich verstehe nur, dass es bei dir keine Zufälle gibt. Den einzigen „Zufall", den du kennst und den ich immer wieder brauche, ist der „Zu-Fall" deiner Liebe. Danke, dass du mich damit immer wieder aufs Neue versorgst. Danke, dass du das auch diese Woche wieder tun wirst. Ich verliebe mich mehr und mehr in dich und gebe dir heute *mein Ja* zur Ruhe! Ich lasse los, was ich kontrollieren möchte, und vertraue dir und deinem Zeitplan. Amen!

MEIN JA
ZU FLEISS

„Wer immer nur auf das passende Wetter wartet,
wird nie säen; und wer ängstlich auf jede Wolke schaut,
wird nie ernten."

PREDIGER 11,4

Quote der Woche: „Was gemacht werden muss,
das muss gemacht werden!"

Lass uns einmal über Geld und Investment reden. Ein Thema, das ich nie wirklich hören wollte, denn meine Prägung in dem Bereich Finanzen lautete: „Ich habe nicht genug, das ist halt so." Und ich merke, dass es vielen so geht wie mir damals. Doch es ist eine dieser großen Lügen, die uns der Teufel ins Ohr flüstert. Eine dieser Lügen, die sich in uns breitmachen kann aufgrund unserer eigenen Unsicherheit – und die schlussendlich ein mangelndes Vertrauen in Gott zeigt sowie einen Mangel an Mut, etwas Neues auszuprobieren.

Aber fangen wir von vorne an. Denn der eingangs genannte Vers geht noch weiter, und es ist mir wichtig, ihn mit dir zu teilen:

„Du weißt nicht, aus welcher Richtung der Wind kommen wird [also was morgen sein wird] [...]. Säe am Morgen deine Saat aus, leg aber auch am Abend die Hände nicht in den Schoss" (Prediger 11,5–6; NGÜ). Hast du einmal einen Landwirt bei der Arbeit beobachtet? Es stimmt: Auf der einen Seite sät er „nur" etwas und die Saat geht dann von allein auf, aber auf der anderen Seite arbeitet er auch hart an dem weiter, was außerdem noch getan werden muss. Und das ist ein ganz schöner Kraftakt und definitiv kein 9-to-5-Job, denn die Natur kennt keine geregelten Arbeitszeiten. *Was gemacht werden muss, das muss gemacht werden!*

Ein „Das mache ich später!" bedeutet in der Landwirtschaft eine zerstörte oder eine schlechte Ernte. Und nach der Arbeit auf dem Feld kommt für den modernen Landwirt auch noch der ganze Papierkram dazu. Der weise König Salomo, der die Texte aus dem Buch „Prediger" schrieb und steinreich war, war in diesem Punkt sehr klar: „[...] **leg aber auch am Abend deine Hände nicht in den Schoß.**" Bitte was? Da liege ich doch sonst auf der Couch und ziehe mir meine Serien rein. Doch ohne Fleiß kein Preis...

Gott ermutigt mich sogar, nicht alles nur auf eine Karte, auf eine Einnahmequelle, zu setzen.

Etwas, das mich gerade während der Corona-Krise sehr angesprochen hat, war folgender Vers: **„Setz dein Hab und Gut ein, um Handel zu treiben, und eines Tages wird es dir Gewinn bringen. Verteil deinen Besitz auf möglichst viele Stellen, denn du weißt nicht, ob ein großes Unglück über das Land kommt und alles zerstört"** (Prediger 11,1–2).

Genau das haben viele von uns erlebt. Als ich plötzlich nicht mehr auf Tour gehen konnte und dementsprechend keine

Einnahmen hatte, mit denen ich jedoch fest gerechnet hatte, dachte ich mir auch: „Was für ein wertvoller Vers!" Und so schlau, wie plötzlich viele damit angefangen haben, Masken zu nähen und diese zu verkaufen. Aber das war nur EINE Möglichkeit von vielen!

Dem Fleißigen werden immer neue Ideen kommen. Aber fleißig wird niemand geboren. *Fleiß beginnt mit einem Versuch, dessen Erfolg dir Bestätigung geben wird, aber auch die Freude darauf, noch mehr zu erreichen.*

Auch im Bereich der Finanzen geht es um die richtige Balance. Es geht nicht darum, Geld zu scheffeln und steinreich zu werden. Es geht darum, das dir von Gott geschenkte Potenzial voll zu nutzen. Denn auch im Reich Gottes braucht es Geld. Wenn wir Menschen in Not helfen wollen, braucht es Geld. Wenn ich ein Album aufnehme, um Menschen durch meine Musik Hoffnung zu schenken, braucht es Geld.

Ich möchte dir diese Woche deshalb einfach einmal diesen Gedanken mitgeben, damit du dein volles Potenzial entdeckst und vielleicht sogar etwas Neues ausprobierst. Denn Gott hat sehr viel in dich hineingelegt! **„Gib dem Bestand, was wir mit eigenen Händen tun, ja, fördere unserer Hände Arbeit"** (Psalm 90,17).

1. Hinterfrage dich: „Nutze ich meine Zeit sinnvoll und mache ich wirklich alles, was mir möglich ist, mit dem von Gott geschenkten Potenzial in meinem Leben?"

2. Könnte ich eventuell Menschen in Not, Missionaren, Kirchengemeinden mit meinen Finanzen helfen?

RÜCKBLICK:

3. Konntest du dein Bewusstsein dafür stärken, dass Jesus „da" ist – jeden Moment, immer an deiner Seite? Wie ist es dir damit ergangen?

GEBET:

Jesus, ich danke dir dafür, dass ich arbeiten kann und darf. Danke, dass es sogar so viele Möglichkeiten gibt, mich einzubringen. Ja, vielleicht kann ich wirklich noch mehr tun! Nicht, um in Stress zu geraten, sondern auf eine weise Art, die Sinn macht. Bitte zeige du mir, wie ich mein Leben gestalten soll – auch die Arbeitszeit. Ich lege meine kleine Denke ab und möchte anfangen, über meinen eigenen Tellerrand zu blicken. Ich bin mir sicher, da gibt es noch ein „Mehr" für mich, und dazu gebe ich dir heute *mein Ja*! Verändere mich nach deinem Sinne. Danke für die neue Ansicht auf mein Leben, die du mir schenken wirst und die nur zu meinem Besten sein wird. Amen!

MEIN JA ZUR MEDITATION

„Seid jetzt still vor Gott, dem Herrn!"
ZEFANJA 1,7

Quote der Woche:
„Es ist unmöglich, Zeit mit Gott zu verbringen,
über ihn nachzudenken
und unverändert zu bleiben!"

Wenn du anfängst, dich wirklich mit Gott zu befassen, dann wirst du gar nicht anders können, als das Leben aus einer anderen Perspektive heraus zu sehen! Der Alltag ist es, der uns dieser Möglichkeit nur allzu oft beraubt, und wenn wir Gott darin nicht bewusst Zeit (und Raum) schaffen, werden wir müde, frustriert, ängstlich und geistlich „schwach".

Ich möchte dich deshalb diese Woche mitnehmen in die biblische Form der Meditation, um dir zu zeigen, wie wertvoll sie für dich sein kann. Bewusst spreche ich hier die biblische Meditation an, denn es gibt sehr viele andere Meditationsarten, die ihren Ursprung in fernöstlichen Religionen haben. Dort geht es meistens darum, den eigenen Sinn komplett zu entleeren, um eine Erleuchtung zu bekommen. Der indische Philosoph Krishnamurti schrieb: „Der Geist muss leer sein, um klar zu sehen." *Wenn wir vom biblischen Meditieren sprechen, dann brauchen wir jedoch den Geist – den Heiligen Geist –, der uns, während wir INTENSIV ÜBER GOTT NACHDENKEN, die Augen für Gottes Macht, Kraft und Herrlichkeit öffnet, damit wir Gottes Größe erkennen.*

In dieser Meditation geht es darum, dass wir uns hinsetzen, still werden und ganz bewusst über Gott nachdenken. Wenn dir nichts einfällt, kannst du gern die Bibel dazunehmen und die Psalmen lesen. Hier ein Beispiel aus Psalm 77,11–12 (NGÜ): David „vermisste" Gottes Nähe und stellte sich die Frage, ob Gott sein Volk überhaupt noch liebte. Ich glaube, dass wir diese Momente alle kennen, in denen die Stimmen laut werden, die fragen: „Ist Gott noch da? Hat er mich vergessen? Sieht er meine Not denn nicht?"

Statt diesen Zweifeln Raum zu geben, fängt David jedoch an, zu meditieren, also über Gottes Größe nachzudenken: **„Doch ich will mir die Taten des Herrn in Erinnerung rufen. Ja, ich will an deine Wunder aus längst vergangener Zeit denken. Ich sinne über all dein Wirken nach, dein Handeln erfüllt meine Gedanken."** Erinnere dich in dieser Ruhe daran, was Gott schon alles für dich getan hat. Denn während du das tust, wirst du deinen Geist von innen heraus stärken, und dein Glaube wird wie ein Muskel in Bewegung gesetzt – und dadurch größer und stärker!

Das Einzige, was beim biblischen Meditieren entleert wird, das ist dein Unglaube! Und das, was dir Sorgen bereitet hat, wird seine Macht verlieren. Deine Sicht auf Beziehungen, die Aufgaben, die vor dir stehen, deine Probleme, gar auf deine Feinde oder auch dein Blick auf dich selbst werden sich verändern! Weil du lernen wirst, alles durch Gottes Augen zu sehen.

Vielleicht werden sich deine Baustellen nicht sofort verändern – aber du wirst dich verändern. Und zwar Schritt für Schritt! Es ist unmöglich, Zeit mit Gott zu verbringen, über ihn nachzudenken und unverändert zu bleiben. Denn wenn du dem begegnest, dem alle Macht gegeben ist und der dir wirklich mit jedem Detail deines Lebens helfen kann, der für dich sorgt, der dich beschützt und dich durch und durch liebt, wovor solltest du dich dann noch fürchten?

Gott möchte dir einen frischen Blick auf dein Leben schenken. Er möchte dir all deinen Ballast abnehmen und dich von seiner Quelle trinken lassen, der Quelle der Freude! Ja, die Freude, die du in deinem Leben so vermisst hast: „[…] **aus einem Strom der Freude gibst du ihnen zu trinken**" (Psalm 36,9; NGÜ).

Die Freude, die andere Christen offensichtlich haben, aber die du vielleicht noch schmerzlich vermisst. „Wieso habe ich sie nicht?", fragt man sich dann schnell. Der Weg dorthin beginnt in der Ruhe, von der wir meinen, sie nicht zu haben. Doch willst du lieber weiterrennen und dir Sorgen machen oder vielleicht doch diese halbe Stunde Netflix gegen eine Meditation – ein „Bei-Gott-Sein" – eintauschen?

1. Fällt es dir schwer, Zeiten der Ruhe einzuhalten? Kannst du glauben, dass in der biblischen Meditation mehr zu finden ist als im Internet, in deinen Serien und deinen ständigen Aktivitäten? Oder fällt dir das schwer?

2. Wie kannst du das praktisch diese Woche ausprobieren? Lege für jeden Tag dieser Woche einen Moment fest, in dem du die biblische Meditation ausprobierst.

RÜCKBLICK:

3. Was sind deine Erkenntnisse im Umgang mit deinen Finanzen und dem, was du „mehr" tun könntest?

GEBET:

Jesus, ich möchte jetzt wirklich still werden vor dir. Zur Meditation, die ich so noch nicht kannte, gebe ich dir *mein Ja* und möchte es gleich ausprobieren. Deswegen fasse ich mich heute sehr kurz mit meinem Gebet, öffne dein Wort und bitte dich, zu mir persönlich zu sprechen, während ich still werde und auf dein Reden warte...

MEIN JA ZU MEINEM JA

„Aber es gelang ihm nicht, weil er klein war."
LUKAS 19,3

> Quote der Woche:
> „Hinter jedem menschlichen NEIN über deinem Leben befindet sich ein göttliches JA!"

Wie oft hast du dich schon selbst sagen hören: „Aber ich kann das nicht, weil…"?

Weißt du eigentlich, dass du in solchen Momenten selbst die Person bist, die dir am meisten im Weg steht? **„Dich habe ich erwählt! […] Ich mache dich stark, ich helfe dir!"** (aus Jesaja 41,9–10). Eigentlich könnte der Impuls für diese Woche schon hier enden. Denn es ist alles gesagt, was du dazu hören musst. Doch weil es so ein wichtiges Thema ist und ich glaube, dass es auch Gott sehr am Herzen liegt, werde ich noch mal ins Detail gehen.

Vielleicht hast du dir gar nicht selbst eingeredet, dass du zu diesem oder jenem nicht in der Lage bist. Menschen, vielleicht deine eigene Familie, oder eine Beziehung, in der du kleingehalten wurdest, haben dich an diesen Punkt gebracht, an dem du den Glauben an dich verloren hast. Dann sage ich dir heute zu: *„Hinter jedem menschlichen NEIN befindet sich immer noch die WUNDERvolle Möglichkeit eines göttlichen JAs!"*

Zachäus, der kleine Mann aus der Bibel, ist dir sicher vertraut? Sonst kannst du seine Geschichte gern in Lukas 19 nachlesen. Er war ein reicher Zolleinnehmer. Also einer vom Finanzamt, mit dem nicht zu scherzen war. Er selbst hatte das Wort nein in seinem Job sicherlich oft benutzt, um seine Macht auszuspielen. Ich stelle mir vor, wie arme Familien zu ihm kamen und um Aufschub gebettelt haben: „Nein!" Und er sagte es einfach nur, weil er es konnte. Natürlich hätte er ihnen Aufschub geben können. Doch er blieb stur.

Diese negative Eigenschaft hat er im richtigen Moment aber für etwas Positives genutzt! Denn als Jesus in seiner Stadt unterwegs war, wollte er ihn unbedingt sehen, doch er war klein. Es stand ihm also selbst ein dickes NEIN im Weg. An diesem Punkt hätte er aufgeben können. Sich in die große Menschenmenge zu stellen, in der niemand ihn leiden konnte, wäre sinnlos gewesen. Aber er wusste, dass hinter jedem Nein auch ein Ja stehen kann! Und er fand einen Baum – sein persönliches Ja! Also kletterte er hoch und da sah er Jesus. Und nicht nur das – Jesus sah IHN!

Ganz egal, wie klein du dich fühlen magst. Ganz egal, wie hoch sich dein Versagen vor dir auftürmt. Und wirklich egal, wie klein man dich halten wollte und wie oft man dir gesagt hat, dass du ein Fehler bist: *Auch du kannst ein Ja hinter diesem Nein finden!* Auch du kannst auf den Baum des Glaubens klettern, von welchem du über die Menschenmenge blicken kannst, über deine Sorgen,

Selbstzweifel, Versagensängste und die Meinungen anderer über dich. Und du wirst dort den Einen finden, der dir IMMER sein Ja gibt: JESUS! *Denn hinter jedem menschlichen NEIN über deinem Leben befindet sich immer ein göttliches JA zu dir!* Entscheide dich, immer dem JA nachzujagen, auch wenn alle NEIN schreien!

1. Welches NEIN steht aktuell über deinem Leben? Bist du bereit, dennoch JA zu schreien und auf deinen Baum des Glaubens zu klettern?

2. Wie kann das diese Woche ganz praktisch aussehen?

RÜCKBLICK:

3. Konntest du dir letzte Woche bewusst Zeit nehmen, um still zu werden und Gott in der biblischen Meditation zu suchen? Wenn ja, wie hast du sie erlebt?

GEBET:

Jesus, so klein ich mich auch oft fühle, komme ich heute mit großem Glauben zu dir und rufe: „Ja, ja, ja! Ich will dich sehen!" Ich gebe dir *mein Ja* zu meinem Ja; ich möchte nicht mehr zweifeln oder Dinge nur halbherzig tun. Ich bin bereit, die dazu notwendigen Schritte zu gehen und auf meinen Baum des Glaubens zu klettern. Ich erhebe mich über die Meinungen der Menschen hinweg, die mich kleinhalten wollen. Denn alles, was ich will, ist, dich zu sehen! Und ich staune darüber, dass auch du mich sehen willst. Ein Blick von dir genügt und mein Leben bekommt Sinn und Inhalt. Ich bitte dich, deinen Blick diese Woche spürbar auf mich zu richten. Danke dafür. Amen.

MEIN JA ZUM GLAUBEN

„Der Menschensohn ist gekommen,
Verlorene zu suchen und zu retten."
LUKAS 19,10

> Quote der Woche:
> „Dein entschlossenes Ja zu Jesus steht in einem klaren Zusammenhang mit deinem Verhalten im Alltag!"

Ich weiß nicht, wo du in deinem Leben und in deinem Glauben aktuell stehst. Ich bin in einem christlichen Elternhaus aufgewachsen und will dir gleich schon einmal die Illusion nehmen, dass es für mich deswegen so viel leichter gewesen sein muss zu glauben. Manchmal frage ich mich sogar, ob genau das es vielen umso schwerer macht?

Ich habe das Glück, in einer tollen Familie aufgewachsen zu sein, die mich niemals unter Druck gesetzt hat, was den Glauben angeht. Mir wurde einfach vorgelebt, wie schön die Resultate des Glaubens an Gott aussehen können: **„Die Frucht hingegen, die** der Geist Gottes hervorbringt, besteht in **Liebe, Freude, Frieden, Geduld, Freundlichkeit, Güte, Treue, Rücksichtnahme und Selbstbeherrschung"** (Galater 5,22–23; NGÜ) Das sind viele tolle Worte auf einem Fleck. Und ich kann meine Eltern wirklich nur loben, denn diese Eigenschaften sind in ihrem Leben so sichtbar, dass sie den Glauben an Jesus nicht nur für mich total attraktiv gemacht haben.

Doch es geht gar nicht so sehr um die Umstände, in denen du aufgewachsen bist! Wenn Jesus in Johannes 10,10 (NL) sagt: **„Ich aber bin gekommen, um ihnen das Leben in ganzer Fülle zu schenken"**, dann steht da nicht in Klammern dahinter: „… aber nur, wenn die Umstände es zulassen!" Oder: „Das gilt nur für diejenigen, die ohne Sünde leben!" Nein, das gilt für jeden! Die wichtige Frage, die sich stellt, lautet: *„Willst du wirklich von ganzem Herzen glauben oder ist das für dich nur eine von mehreren Optionen?"*

Vielleicht gehst du seit Jahren sonntags in die Kirche, aber am Montag auf der Arbeit ist bei dir nichts mehr von den Früchten des Geistes **„Liebe, Freude, Frieden, Geduld, Freundlichkeit…"** (vgl. Galater 5,22) übrig. Dort geht das Lästern los, das egoistische Verhalten an der Kaffeemaschine und das ständige Vergleichen mit den Kollegen. *Dein entschlossenes Ja zu Jesus steht in einem klaren Zusammenhang mit deinem Verhalten im Alltag!* Es ist schon traurig, dass wir aus Jesus, der sich blutig schlagen ließ für unsere Sünden, eine Option machen. Wie viel muss er noch tun, bis wir wirklich verstehen?

Unser Leben ist voller Möglichkeiten, wir haben immer eine große Auswahl, ob beim Schuhkauf, bei Filmen oder Lebensmitteln. Fällt es uns deswegen so schwer, Jesus unser ungeteiltes Ja zu geben? Wir legen uns ungern fest, wenn wir Einladungen bekommen, weil ja noch etwas Besseres kommen könnte. Jesu Einladung wartet schon lange in deinem Postfach auf dich. Wieso landet seine E-Mail im Ordner „Später bearbeiten"?

Zu seiner „Party" musst du nur dich selbst mitbringen. Du musst dich nicht einmal aufstylen: „Komm, wie du bist!", lautet das Motto bei ihm. *Und der Gastgeber hat sogar Geschenke für dich: „Liebe, Freude, Frieden, Geduld, Freundlichkeit, Güte, Treue, Rücksichtnahme und Selbstbeherrschung".* Wirst du diese Einladung weiter im Ordner „Später bearbeiten" liegen lassen, während du versuchst, mit deinem Alltag voller Versuchungen klarzukommen? **„Gebt ihr dagegen eurer alten menschlichen Natur nach, ist offensichtlich, wohin das führt: zu sexueller Unmoral, einem sittenlosen und ausschweifenden Leben, zur Götzenanbetung und zu abergläubischem Vertrauen auf übersinnliche Kräfte. Feindseligkeit, Streit, Eifersucht, Wutausbrüche, hässliche Auseinandersetzungen, Uneinigkeit und Spaltungen bestimmen dann das Leben ebenso wie Neid, Trunksucht, Fressgelage [...]"** (Galater 5,19–21) und die Liste könnte endlos weitergehen.

Diese Dinge sind die Alternative zu einem Leben in enger Verbindung mit Jesus. Klingt irgendwie „leer" und nach einem unglücklichen Leben, oder? Was willst du? Dieses Leben in Fülle schon auf Erden erleben, wie Jesus es verspricht? Es braucht dazu nur dein hundertprozentiges Ja! Mach aus deinem Glauben als Option einen Glauben, auf den du alles setzt.

1. Überprüfe dein Leben: Wie ist dein Verhalten auf der Arbeit oder unter der Woche generell?

2. Ist der Glaube für dich nur eine Option oder glaubst du, dass alles, was Jesus sagt, wahr ist und zu deinem festen Fundament im Leben werden kann?

RÜCKBLICK:

3. Wie ist es dir damit ergangen, das göttliche Ja hinter dem menschlichen Nein, das man über dir ausgesprochen hat, zu suchen?

GEBET:

Mein lieber Jesus, danke, dass ich dich so überhaupt nennen darf! Danke, dass ich zu dir so kommen darf, wie ich bin. Es tut mir leid, dass ich aus unserer Beziehung so oft nur eine Option mache und sie nicht so ernst nehme, wie es angemessen wäre. Es fällt mir manchmal schwer, weil ich dich nicht sehe, und dann denke ich wieder: „Aber du zeigst dich doch in so vielen Momenten – ich nehme sie einfach nicht bewusst wahr." Verzeih mir bitte, ich möchte das wirklich ändern. Hier ist *mein Ja* zu meinem Glauben! Mein Ja zu dem Glauben daran, dass mein Leben bei dir in den besten Händen ist – deshalb will ich es dir ganz geben. Ich möchte kein „Sonntagschrist" sein, sondern ein Mensch, der jeden Tag deine Liebe, Freude, Freundlichkeit, Geduld und deinen Frieden ausstrahlt und damit an andere weitergeben kann! Gebrauche mich! Amen.

25.

MEIN JA
ZUM AUSRÄUMEN

„Kommt zu mir, ihr alle, die ihr euch plagt und von eurer Last fast erdrückt werdet; ich werde sie euch abnehmen."
MATTHÄUS 11,28 (NGÜ)

> Quote der Woche:
> „Diese Last gehört zu einem Teil deines Lebens, lass sie nicht zu deinem Leben werden!"

Wie oft habe ich nach Auftritten müde gesagt: „Ich bin es leid, immer alles allein aus dem Auto auszuladen, einzuladen, auszuladen, einzuladen..." Denn ja, wenn ich auf Tour bin – und das bin ich ja praktisch jeden Tag meines Lebens –, ist mein Auto gerammelt voll. Von Technik über Bücher und CDs, meine persönlichen Sachen wie mein Koffer und Lebensmittel über Roll-ups und Infomaterial über die sozialen Projekte, die ich unterstütze, ist da wirklich alles vorzufinden. Und nebenbei erwähnt: Ich wohne im 2. Stock, ohne Aufzug. Das heißt, ich schleppe meinen Koffer da sehr oft hoch und runter. Der Rest bleibt immer im Auto, weil der Aufwand sonst zu groß wäre.

Doch allein der Blick in den Rückspiegel macht mich müde, denn die Rückbank ist immer gerammelt voll. Nach einer Woche auf Tour und dem ständigen Ein- und Ausladen verliert man schnell die Kontrolle darüber, wo genau sich etwas befindet.

Irgendwann kam ich auf die Idee, dass es vielleicht doch nicht immer alles braucht, und fing an, nach und nach auszusortieren. Und tatsächlich: Von den Dingen, von denen ich meinte, sie wirklich dringend dabeihaben zu müssen, war vieles völlig überflüssig. Nicht nur das, sie engten mich ein!

Jetzt, während ich das schreibe, hat Corona mein Tourleben über Monate stillgelegt und ich habe mein Auto das erste Mal komplett ausgeräumt. Wie gut das tat! Denn im Moment muss ich diese Last gar nicht tragen. Und genau das ist der große Unterschied: *Diese Last, die du mit dir herumträgst, gehört zu einem Teil deines Lebens, ist aber nicht dein Leben!* Ich sitze nach wie vor in dem gleichen Auto, das mir oft so viel Stress bereitet hat, weil es so voll beladen war. Doch jetzt, wo ich die Dinge, die ich aktuell nicht brauche, ausgeladen habe, bin ich wieder gern damit unterwegs! Es fühlt sich so leicht, so unbeschwert, so sauber an!

Was hast du in dein Leben gepackt, das da gar nicht (mehr) hineingehört? Wieso ist es bei dir noch vorzufinden, obwohl du es gar nicht (mehr) brauchst? Wieso trägst du diese Last noch mit dir herum, obwohl Jesus dir das beste Angebot aller Angebote gemacht hat, dir deine Lasten abzunehmen? Du musst sie selbst gar nicht mehr tragen!

Doch das „Ausladen" dieser Dinge, das musst du selbst bewusst angehen. Mein Auto hätte sich schließlich nicht von allein entladen. *Deine schlimme Erfahrung, dein Missbrauch, deine Depression, dein Schmerz, dein/-e Ex gehören zu einem Teil deines Lebens, SIND ABER NICHT DEIN LEBEN.* Ich weiß, es liest sich so leicht und ist in der Umsetzung doch so schwer. Aber warum eigentlich? Weiter mir dieser Last zu leben, ist doch mindestens genauso schwer, oder?

Bis ich wieder auf Tour gehe, werde ich neues Material, neue Bücher, neue Flyer haben, die mein Auto wieder vollmachen. Doch ich werde auch neue Kraft haben! Weil ich vorher „abgelegt" habe. *Und genauso darfst du darauf vertrauen, dass Gott deine Kräfte erneuern wird für das, was morgen kommen wird, wenn du deine heutigen Lasten bei ihm ablädst!* Dass immer wieder Dinge auf uns lasten, gehört zum Leben. Wichtig ist, dass wir nicht alles bei uns „ansammeln", sondern immer wieder bei Gott „ausladen", um auch Kraft für den nächsten Tag zu bekommen.

1. Was schleppst du schon viel zu lange mit dir herum? Bist du bereit, es heute ganz aus deinem Leben „auszuräumen"? Schreib es auf ein Papier, das du danach zerreißt oder schredderst.

2. Mach dir bewusst, dass das, was dir passiert ist, nur ein Teil deines Lebens war und keine Macht über dein ganzes Leben hat – wenn du es nicht zulässt.

RÜCKBLICK:

3. Wie ist es dir mit der Frage ergangen, ob du nur sonntags „richtig glaubst" oder ob der Glaube wirklich dein ganzes Leben bestimmt? Was konntest du über dich herausfinden?

GEBET:

Vater im Himmel, es hat mich echt herausgefordert, diese Andacht zu lesen. Denn ja, wenn ich genau hinschaue, dann gibt es so viele Lasten in meinem Leben, die ich schon lange hätte ablegen können, doch irgendwie fällt es mir sehr schwer. Diese Dinge sind ein Teil von mir geworden, und wenn ich darüber nachdenke, dann ist das wirklich schlimm, denn sie tun mir doch gar nicht gut! Heute gebe ich dir deshalb nicht nur *mein Ja* zum Ausräumen in meinem Leben, sondern ich möchte mich gern selbst aktiv daran beteiligen! Und ich möchte lernen, mein Leben zu genießen – ohne die Sorge von dem, was war, mitzuschleppen. Auch möchte ich darauf vertrauen, dass du mir für den nächsten Tag, ja, sogar für die nächsten Sorgen immer wieder neue Kraft schenken wirst. Du bist so gut zu mir! Danke dafür. Ich liebe dich! Amen.

MEIN JA
ZUR ZUKUNFT

„Lauft um euer Leben! Schaut nicht zurück,
bleibt nirgendwo stehen!"
1. MOSE 19,17

Quote der Woche:
„Schau nach vorne – in Gottes Welt
gibt es keine Rückspiegel!"

Wie oft sind wir versucht zurückzuschauen! Entweder denken wir: „Damals war alles besser", oder dann eben das ganz andere Extrem: „Wieso musste ich so viel Schweres erleiden? Hat Gott mich verstoßen?"

Ich möchte dir diese Woche gern etwas erklären, das dein Leben für immer verändern kann, wenn du es glaubst. Wenn ich mit dem Blick in die Vergangenheit gerichtet leben würde, dann wäre ich ein sehr unglücklicher, depressiver Mensch. Denn dort ist praktisch nur Chaos vorzufinden. Sehr viele Verletzungen, Schmerz, den man mir zugefügt hat. Schmerz, den ich mir selbst zugefügt habe. Sünde, die ich in mein Leben gelassen habe, so viele Situationen, in denen ich versagt habe. Menschen, die mein Vertrauen ausgenutzt haben, und so weiter. Chaos ist wirklich das passendste Wort! Chaos pur.

Und ich wäre nicht, wo und wer ich heute bin, hätte ich nicht Gottes Geschenk der Vergebung EIN FÜR ALLE MAL angenommen. **„Durch Christus, der sein Blut am Kreuz vergossen hat, sind wir erlöst, sind unsere Sünden vergeben. Und das verdanken wir allein Gottes unermesslich großer Gnade"** (Epheser 1,7).

Die erste Frage, die essenziell für deinen nächsten Schritt ist, lautet: Hast du dieses Geschenk in deinem Leben auch schon angenommen? Wenn nicht – und wenn du das möchtest –, dann kannst du das gern in diesem Moment durch ein simples Gebet tun. Denn darauf folgt der nächste Schritt:

Du kannst frei werden von der Macht deiner Erinnerungen an die Vergangenheit!

Ich habe zu viele Menschen getroffen, die sagten: „Ich hätte auch gerne dein Leben!" Es ist allein die Gnade Gottes (die er für jeden hat!), die ich durch meine persönliche Beziehung zu ihm empfangen habe (die jeder haben kann!), die mir dieses Geschenk gemacht hat. Ein Leben, frei von der Macht der Vergangenheit.

In 1. Mose 19 geht es darum, dass Gott zwei Engel zu Lot schickt, um ihn und seine Familie zu warnen. Du kennst den Begriff: „Das ist ja wie in Sodom und Gomorra" – also pure Sündhaftigkeit. So lebten die Menschen dort, ohne die Vergebung Gottes überhaupt zu wollen. Deswegen wollte Gott sie vernichten. ABER er warnte die Seinen vorher!

Du kannst inmitten der größten Katastrophe stecken: Wenn du dein Leben Jesus anvertraut hast, wird er dich dort sehen und beschützen! „Und wenn du ins Feuer gerätst, bleibst du unversehrt. Keine Flamme wird dich verbrennen. Ich bezahle ein hohes Lösegeld für deine Befreiung. So viel bist du mir wert! Diesen hohen Preis bezahle ich, weil ich dich liebe" (Jesaja 43,2–4).

„Lauft um euer Leben!" Schaut nicht zurück, bleibt nirgendwo stehen!", warnten die Engel. Sie hätten doch auch sagen können: „Lauft um euer Leben und dann schaut genau hin, wie schrecklich ich alles vernichten werde!" Wieso taten sie das nicht? *In Gottes Welt gibt es keine Rückspiegel!* „**Ich werde euch alles vergeben – aus freien Stücken. Ich werde alles Böse für immer <u>vergessen</u>**" (Jesaja 43,25; Hervorh. d. Verf.).

Was für ein Gott, der nicht nur vergibt, sondern auch vergisst! Und weiter ermutigt er dich heute: **„Schau nach vorne, denn ich will etwas Neues tun"** (Jesaja 43,19). Willst du dir heute von Gott die Rückspiegel abmontieren lassen, indem du ihn bittest, dir zu vergeben und dir zu helfen, die Dinge, die du nicht verstehen kannst, loszulassen? Richte deinen Blick bewusst nach vorne in eine Zukunft, von der er dir zusagt: **„Ich, der Herr, werde dir Frieden schenken und dich aus dem Leid befreien. Ich gebe dir wieder Zukunft und Hoffnung"** (Jeremia 29,11).

1. Wie oft blickst du in den Rückspiegel? Wollen wir diesen heute abmontieren?

2. Hängst du vielleicht noch in der Vergangenheit, weil du nie um Vergebung deiner Sünden gebeten hast? Dann ist das dein Tag!

RÜCKBLICK:

(Hier ausnahmsweise mal erlaubt ;-))

3. Ist es dir letzte Woche gelungen, auszuräumen? Wie fühlst du dich damit?

GEBET:

Jesus, ich rufe Ja! Ich gebe dir *mein Ja* zu meiner Zukunft, wenn sie von dir begleitet wird. Es ist wahr, ohne dich hätte ich Angst. Aber du bist ja da, deswegen will ich voller Vertrauen und Vorfreude in die Zukunft blicken, weil du es immer gut meinst! Wahrscheinlich bin ich schon viel zu lange mit meinen Gedanken in der Vergangenheit stecken geblieben. Auch die kleinen Lügen schleichen sich immer wieder ein, zum Beispiel, dass du mir das niemals vergeben kannst, was gewesen ist. Doch ich möchte die Gnade, die du mir erwiesen hast, nicht ohne Auswirkung bleiben lassen. Deswegen lasse ich das Vergangene, wo es hingehört, und schraube den Rückspiegel ab! Danke für den Segen, den du in der Zukunft für mich vorbereitet hast, einfach, weil du gut bist! Amen.

27.

MEIN JA
ZU EINEM LEBEN IM LICHT

„Ich habe euch vor Augen geführt, Geschwister, wie groß Gottes Erbarmen ist. Die einzige angemessene Antwort darauf ist die, dass ihr euch mit eurem ganzen Leben Gott zur Verfügung stellt und euch ihm als ein lebendiges und heiliges Opfer darbringt, an dem er Freude hat. Das ist der wahre Gottesdienst, und dazu fordere ich euch auf."
RÖMER 12,1 (NGÜ)

Quote der Woche:
„Gott hat Mitgefühl. Er fühlt mit dir mit!"

Das klingt nach Arbeit, nicht wahr? Aber keine Sorge, es ist eine WUNDERvolle, eine lohnenswerte Arbeit an dir selbst. Denn durch das Schleifen und Polieren deiner selbst entdeckst du so viel Schönes, das du sonst niemals entdecken würdest. *Ja, du bist schöner, intelligenter, stärker und einflussreicher, als du denkst!* Fangen wir doch einfach mit dem ersten Teil dieses Verses, mit Gottes Erbarmen, an. *Gott hat Mitgefühl. Er fühlt mit dir mit!* Wenn ich länger darüber nachdenke, wird mir ganz warm ums

Herz! GOTT FÜHLT MIT MIR MIT! Obwohl es da so viele „dunkle Seiten" an mir gibt, die andere vielleicht nicht sehen, aber definitiv vorhanden sind.

Und wenn es in dem Vers für diese Woche heißt, dass er möchte, dass ich ihm mein ganzes Leben zur Verfügung stelle, ich ihm dieses sozusagen „widme", dann wird mir ganz anders. Denn dann sollte ich ja an diesen „dunklen Seiten" arbeiten und sie ans Licht bringen.

Gott kennt ohnehin unsere guten genau wie unsere schlechten Seiten, dennoch möchte er uns in seiner großen Güte dabei unterstützen. **„Denn er weiß, wie vergänglich wir sind; er vergisst nicht, dass wir nur Staub sind. [...] Die Güte des Herrn aber bleibt für immer und ewig; sie gilt allen, die ihm mit Ehrfurcht begegnen"** (Psalm 103,14+17). Und „Güte" kannst du auch mit dem Wort „Nachsicht" übersetzen, denn Gott will dir helfen, zu diesem Menschen zu werden, der ihm Freude bereitet!

Du bekommst auf dem Weg dorthin göttlichen Support! Aber es bedeutet auch, dass du handeln und schlechte Angewohnheiten ändern musst. Wenn du zum Beispiel weißt, dass dir die Bilder, die du dir im Internet anschaust, nicht guttun, dann vermeide diese Seiten komplett. Nicht nur manchmal. Streiche sie aus deinem Leben!

Wenn du schon oft abends in deiner Einsamkeit tütenweise Chips in dich gestopft hast und danach aufs Klo gerannt bist, um dir den Finger in den Hals zu stecken, dann kauf keine Chips mehr und vor allem: Hol dir Hilfe! Lass es keine Angewohnheit werden, die dich immer wieder herunterreißt. Wenn du weißt, dass dein Freundeskreis dich von Gott distanziert, weil ihr dort über Dinge sprecht oder Dinge tut, die nicht gut für dich sind, du aber noch nicht stark genug bist, dem zu widerstehen, dann ist es wohl erst einmal weiser, dich von diesem Freundeskreis zu lösen. **„Wenn du mit vernünftigen Menschen Umgang pflegst, wirst du selbst vernünftig. Wenn du dich mit Dummköpfen einlässt, schadest du dir nur"** (Sprüche 13,20).

Es gibt so vieles, das du bewusst in deinem Alltag ändern kannst – und ja, es tut alles erst einmal weh –, aber ich kann dir garantieren, dass ein großer Segen auf dich zufließt, der nicht vergleichbar ist mit deinem vermeintlichen Verlust! **„Wer Gott ehrt, lebt sicher und geborgen, sogar seine Kinder leben noch in dieser Geborgenheit"** (Sprüche 14,26).

Willst du Gott mit diesem „wahren Gottesdienst" ehren, der weitaus mehr bedeutet, als dich sonntags in der Kirche blicken zu lassen? Mit einem Gottesdienst, der unter die Haut geht und die „geheimen Seiten" von dir ans Licht bringt? Schlag mal die erste Seite der Bibel auf und lies Gottes erste Tat: **„Es werde Licht!"** (1. Mose 1,3; LU). Und SOFORT trennte er die Dunkelheit vom Licht! Das hatte einen Grund, deswegen wird es Zeit, dies auch in deinem Leben zu tun.

1. Bist du bereit, deine „dunklen Seiten" ans Licht zu bringen, da sie nichts Gutes in deinem Leben hervorrufen? Nenne sie beim Namen, um ihnen die Macht zu nehmen:

2. Wie geht es dir damit, dass Gott dich nicht verurteilt, sondern mit dir fühlt und leidet, wenn du dich verrannt hast? Ist dir das überhaupt bewusst? Diese Gewissheit könnte deine Beziehung zu ihm völlig verändern – und noch schöner werden lassen!

RÜCKBLICK:

3. Wie ist es dir letzte Woche ergangen? Was hast du mitnehmen und ändern können?

GEBET:

Jesus, ich möchte dir so gern mein ganzes Leben zur Verfügung stellen! Es ist unglaublich, dass du mir die Wahl lässt, ob ich das möchte oder nicht ... Denn du hast mir ja das Leben geschenkt! Darin zeigt sich, wie groß deine Liebe ist! Doch dir mein Leben zu geben, bedeutet automatisch, dass alles in mir „ins Licht rückt". Denn du bist das Licht der Welt! Und unter deinem Lichtkegel habe ich noch einiges zu klären. Kannst du mir bitte dabei helfen? Kannst du mir vergeben? Ich möchte durch und durch für dich leben und scheinen. Bitte reinige mein Herz! Hier gebe ich dir ***mein Ja*** zu einem Leben im Licht! Amen.

MEIN JA ZU MIR

„Ich danke dir, dass ich so wunderbar erschaffen bin,
es erfüllt mich mit Ehrfurcht.
Ja, das habe ich erkannt:
Deine Werke sind wunderbar!"
PSALM 139,14 (NGÜ)

**Quote der Woche:
„Ich bin gut, so wie ich bin!"**

„Bitte sei nicht so laut," wie oft habe ich diesen Satz als Teenie gehört. Oder: „Déborah, kannst du nicht mal still dasitzen?", bis hin zu: „Dreh dich im Gottesdienst auf der Bühne doch in Richtung Wand, denn mit deinem Strahlen verwirrst du die Besucher und lenkst sie ab." Trotz aller Liebe, die meine Familie mir entgegengebracht hatte, brannte sich dieser Satz, der mich von außen traf, in mein junges Herz ein: „Du bist einfach nicht gut, so wie du bist." Oh, wenn ich nur könnte, ich würde der jungen Déborah zurufen: „All das hat Gott bewusst in dich hineingelegt! All das wirst du so sehr brauchen! Du bist genau richtig, so wie du bist!" Doch diese

Stimmen waren so laut und ich damals so leise, dass ich dagegen nicht einmal ankämpfte.

Ich wurde älter und plötzlich hieß es: „Du ziehst dich zu auffällig an. Deine Haare sind viel zu blond und deine Schuhe zu hoch." Und weiter hörte ich die Stimmen in meinem Kopf: „Du passt einfach nicht rein. Du wirst nie gefallen." Jahre später landete ich in dieser sehr ungesunden Beziehung, in der ich zu hören bekam: „Déborah, es möchte niemand hören, was du zu sagen hast. Deine Geschichte interessiert niemanden." So saßen wir mit Politikern und Botschaftern zusammen und ich dachte: „Er hat ja recht, ich bin nicht so intelligent wie die." Und heute möchte ich dieser jüngeren Déborah zurufen: **„Die Klugen werde ich an ihrer Klugheit scheitern lassen; die Weisheit derer, die als weise gelten, werde ich zunichte machen. Wie steht es denn mit ihnen, den Klugen, den Gebildeten, den Vordenkern unserer Welt? Hat Gott die Klugheit dieser Welt nicht als Torheit entlarvt?"** (1. Korinther 1,19–20; NGÜ). Harte Worte. Doch es geht weiter mit der Auflösung: **„Denn obwohl sich seine Weisheit in der ganzen Schöpfung zeigt, hat ihn die Welt mit ihrer Weisheit nicht erkannt. Deshalb hat er beschlossen, eine scheinbar unsinnige Botschaft verkünden zu lassen, um die zu retten, die daran glauben"** (1. Korinther 1,21; NGÜ).

Was glaubst du über dich? In dieser ungesunden Beziehung hatte ich immer nur geschwiegen. Ich. Die „Laute". Und ich erinnere mich an ein Essen im Hause eines südkoreanischen Botschafters in der Schweiz. Mann, war das ein Haus! Mit Butler und dem feinsten Essen! An diesem Abend war ich lustig drauf und fing an, an diesem Tisch voller gebildeter und „weiser" Menschen einfach mitzureden. Und weißt du was? Sie haben es geliebt!

Sie haben MICH geliebt! Denn ich hatte etwas, das sie alle nicht kannten: göttliche Weisheit, die ewig Bestand hat! *Unterschätze niemals, welche Autorität, Macht, Kraft und welchen Einfluss Gott dir schenken kann!* Ja, sogar welchen Humor, mit dem du die Herzen eines jeden noch so „berühmten" Menschen in einem Augenblick erreichen kannst.

Wieso? Weil du Zugang hast zur Quelle der echten Weisheit: **„Doch Gott allein besitzt Weisheit und Kraft, nie wird er ratlos; er weiß, was er tun soll"** (Hiob 12,13). Und um diese Weisheit darfst (und sollst!) du jederzeit bitten: **„Wenn es jemandem von euch an Weisheit mangelt zu entscheiden, was in einer bestimmten Angelegenheit zu tun ist, soll er Gott darum bitten, und Gott wird sie ihm geben"** (Jakobus 1,5).

Zurück also zu der „zu lauten" Déborah, die so eine starke Ausstrahlung hatte, dass Menschen irritiert waren. Der Déborah, die sich immer schon gern modisch gekleidet hat. Ja, diese Déborah musste geschliffen werden und mit Weisheit lernen, was wann wo richtig ist. Doch all diese Eigenschaften brauche ich heute zu 100 % für das, was ich tun darf. Es braucht jeden Menschen, so wie er ist! Wichtig ist, dass du dir nicht einreden lässt, dass du so nicht sein darfst! *Wichtig ist, dass du dich der göttlichen Weisheit „bedienst" und dadurch erkennst: „Es ist gut so, wie ich bin. Und ich bin gut so, wie ich bin!"*

1. Gehen dir auch Sätze nach, die über dich ausgesprochen wurden? Schreibe sie auf, damit du sie ein für alle Mal in tausend Stücke reißen kannst!

2. Bitte Gott diese Woche täglich darum, dir Weisheit zu schenken, und schreibe auf, was du damit erlebst! Du weißt ja, es sind die kleinen Dinge, die zählen ...

RÜCKBLICK:

3. Hast du letzte Woche deine „dunklen Seiten" in Gottes Licht bringen können? Wie hat sich das angefühlt?

GEBET:

Jesus, tatsächlich sind da Sätze in meinem Leben ausgesprochen worden, die mich bis heute kleingehalten haben. Vergib mir, dass ich ihnen mehr Gewicht gegeben habe als deinen befreienden Worten über mich. Heute möchte ich dir von Herzen dafür danken, dass du mich so wundervoll erschaffen hast! Weil ich weiß, dass du dir schon zu Beginn meines Lebens etwas Besonderes für mich erdacht hast. Heute will ich lernen, nur noch das zu sehen, und rufe laut: „*Mein Ja* zu mir!" Und ich bitte dich, mir Weisheit zu schenken, die andere Menschen völlig vom Hocker hauen wird – weil sie von DIR kommt! Auf eine spannende Woche – mit dir! Amen!

29.

MEIN JA
ZUM VERTRAUEN BIS ZUM SCHLUSS

„Gebt diesen Glaubensmut jetzt nicht auf!
Er wird einmal reich belohnt werden. [...]
Wie heißt es in der Schrift?
Nur noch eine ganz kurze Zeit [...]."
HEBRÄER 10,35–37 (NGÜ)

> Quote der Woche:
> „Vertrauen bedeutet: aus deinen Zweifeln ein Gebet formen und noch mutiger werden!"

Manchmal kann es sich anfühlen, als würde sich niemals etwas ändern und als ob Gott mit so viel anderem beschäftigt wäre, dass er dich übersieht. Ich möchte dich mit der Erinnerung ermutigen, dass Gott über jeden deiner Schritte Bescheid weiß (vgl. Psalm 139,3)! Und deine dunklen Stunden werden nur so lange andauern, bis Gott sein Ziel damit erreicht hat. *Denn er möchte, dass du ein unerschütterliches Vertrauen zu ihm aufbaust, das jeden kommenden Sturm in deinem Leben leichter zu ertragen lassen wird.* Und das geschieht eben nur, wenn du erlebt hast, dass Gott da ist und immer rechtzeitig eingreift.

Mit Kopfhörern auf den Ohren, lauthals singend und glücklich, tanzte ich durch die Felder. Es war mir so egal, ob mich jemand dabei sah. In diesem Moment kam mir dann auch noch eine gute, neue Songidee, die ich sofort notieren musste. Dabei fiel mir auf, dass mein Schlüsselbund wohl mit der hüpfenden Déborah gehüpft war – und zwar raus aus meiner Tasche! O weh! Doch ich machte mir nicht wirklich Sorgen, denn wer sollte ihn auf diesem Landweg geklaut haben? Er MUSSTE noch da sein! Es würde mich einfach nur Zeit kosten, den ganzen Weg zurück abzulaufen.

Mit fixiertem Blick auf den Boden und voller Vertrauen tat ich genau das. Ich lief und lief, doch da war nichts. Auch die Spaziergänger, die mit ihren Hunden unterwegs waren, hatten keinen Schlüssel gesehen. Und dann rasten auch noch zwei Autos über diesen Feldweg (!) und ich dachte: „Jetzt ist mein Schlüssel wahrscheinlich überfahren worden und kaputt!"

Kennst du eine ähnliche Situation aus deinem eigenen Leben? Du hast etwas verloren, deinen Traum, deine Hoffnung, etwas, das dir so wichtig war. Du weißt, dass es eigentlich aber nicht verloren sein KANN, doch dann kommen wieder diese Zweifel. Ja, auch ich hatte die Wahl, zu vertrauen, dass ich das Verlorene wiederfinden würde, oder zu verzweifeln, weil „ja eh immer alles schlecht läuft". Ich lief den ganzen Weg ab und flüsterte immer wieder vor mich hin: „Ich vertraue dir, ich vertraue dir!" Vertrauen ist dein Liebesbeweis an Gott! *Dem, der schon alles besitzt, kannst du nur ein großes Geschenk machen: dein Vertrauen!* Und er kann so einen Liebesbeweis nicht stehen lassen, ohne seine Liebe ebenfalls zu beweisen: **„Was kein Auge jemals sah, was kein Ohr jemals hörte und was sich kein Mensch vorstellen konnte, das hält Gott für die bereit, die ihn lieben"** (1. Korinther 2,9), oder der bekannte Vers: **„Alles trägt zum Besten derer bei, die Gott lieben"** (Römer 8,28; NGÜ). An diesen Versprechen darfst du festhalten, auch wenn dich die Panik überkommen möchte.

Als ich fast die ganze Strecke abgelaufen war, wollte mich mein Vertrauen verlassen, doch ich ENTSCHIED mich dranzubleiben. *Ich veränderte mein Gebet und wurde mutiger:* „Jesus, lass du jemanden den Schlüssel gefunden und so auf dem Weg platziert haben, dass ich direkt darauf blicken werde!" Und tatsächlich: GANZ AM ENDE meiner Strecke lag der Schlüssel auf einer Parkbank, von Weitem sichtbar!

Ich habe durch diese Erfahrung dazugelernt. Einmal, dass Gott unser Vertrauen nicht enttäuscht. Dann wurde mir bewusst, dass ich auf dem Hinweg eine tolle Songidee hatte und mich jemand dieser Freude und dieses Liedes berauben wollte: **„Der Dieb kommt, um zu stehlen"** (Johannes 10,10). Doch weil ich vertraute bis zum Schluss, habe ich diesem Song sogar noch einen wertvollen Satz hinzugefügt: „Jetzt erst recht!" *Und jedes Mal, wenn du meinst, dein Traum, deine Hoffnung, alles sei verloren, dann setze dein volles Vertrauen ein: „Jetzt erst recht!"*

1. Gibt es Bereiche in deinem Leben, die du schon lange aufgegeben hast, weil die Zweifel viel lauter waren als die Stimme des hoffnungsvollen Vertrauens?

2. Bist du bereit, die Stimme des Vertrauens wieder laut werden zu lassen und zu sagen: „Jetzt erst recht!"? Schreibe sie auf, mit dem heutigen Datum, und bete jeden Tag mutig dafür!

RÜCKBLICK:

3. Konntest du schon etwas loslassen und die Worte, die einmal über dich ausgesagt wurden, entkräften? Hast du immer noch ein Ja zu dir selbst?

GEBET:

Jesus, o. k.: „Jetzt erst recht!" Es stimmt, ich hatte einmal so große Träume, doch dann kamen diese Zweifel. Jetzt aber bin ich bereit! Und so bitte ich dich: „Lass diese Träume, die ich längst aufgegeben habe, wahr und sichtbar werden!" Ich weiß, dass dir nichts unmöglich ist! Und ich möchte keine Zweifel mehr zulassen. Ich will dir blind vertrauen! Hilf du mir bitte dabei. Gerade, wenn es etwas länger dauern sollte mit deiner Antwort, dann weiß ich ja, dass du dir etwas dabei denkst. Für diese Momente brauche ich dann eine Extraportion Vertrauen! Und dazu gebe ich dir heute *mein Ja*: Ich WILL dir vertrauen bis zum Schluss – über all meine Zweifel hinweg! Weil du mein Gott bist, der mich liebt. Amen.

MEIN JA ZUR EWIGKEIT

„Im Haus meines Vaters gibt es viele Wohnungen.
Wenn es nicht so wäre, hätte ich dann etwa zu euch gesagt,
dass ich dorthin gehe, um einen Platz für euch vorzubereiten?
Und wenn ich einen Platz für euch vorbereitet habe,
werde ich wieder kommen und euch zu mir holen,
damit auch ihr dort seid, wo ich bin.
Den Weg, der dorthin führt, wo ich hingehe, kennt ihr ja."
JOHANNES 14,2–4 (NGÜ)

Quote der Woche:
„Du hältst den Schlüssel zu deiner zukünftigen
Wohnung jetzt schon in den Händen!"

Wenn du schon einmal umgezogen bist, weißt du, wie aufregend es ist, den neuen Haustürschlüssel in den Händen zu halten. Es ist der Beginn von etwas Neuem. Die Chance, alles neu einzurichten und von vorne anzufangen – ja, das Alte hinter sich zu lassen!

Als meine Eltern umgezogen waren, hatte meine Mutter mir

ihren neuen Haustürschlüssel schon in die Hände gedrückt, bevor das Haus überhaupt fertig war. Es war noch eine komplette Baustelle und es musste noch sehr viel darin getan werden.

Fast täglich hielt dieses Haus neue „Überraschungen" in Form von noch mehr Arbeit bereit. Es wurden Tapeten heruntergerissen, ein neuer Boden musste gelegt werden und der Garten sah eher aus wie eine Müllhalde als wie ein bunter Blumentraum. Doch wir wussten, dass das Haus nach der vielen Arbeit daran bald wunderschön, völlig neu und einzugsbereit sein würde. Und den Schlüssel dafür hielt ich ja bereits schon in meiner Hand!

Weil Jesus wusste, dass du aus eigener Kraft dein Leben nicht würdest bereinigen können, dass deine Zweifel oft viel lauter als dein Glaube sein würden, hat er dir vorab schon verraten, dass er sich darum kümmern wird. Er hat dir den Schlüssel zu deiner zukünftigen Wohnung auch jetzt schon in die Hände gedrückt, während er noch dabei ist, alte Muster abzubauen, die dich immer wieder zu Fall bringen. Auch in deinem Garten hat sich ganz schön viel Müll angesammelt über die Jahre, den er nach und nach zum Werkhof bringt. Du selbst würdest das niemals schaffen, weil es dafür einen großen LKW braucht und der Preis für die vollständige Müllentsorgung so hoch ist, dass nur einer diesen bezahlen konnte: JESUS CHRISTUS.

Er hat sein Leben gegeben, damit deine Baustelle Form annimmt und du in der Ewigkeit in eine edle Luxus-Wohnung ziehen kannst, die dich umhauen wird! Dein Einzugstermin steht schon, ist aber streng geheim. Ein paar Arbeiten sind noch fällig, doch der Preis ist schon bezahlt worden: am Kreuz! Stell dir das mal vor!

Jetzt braucht es nur noch deine Bereitschaft, dich verändern zu lassen und dich auf den Weg IHM entgegen zu machen – **"Den Weg, der dorthin führt, wo ich hingehe, kennst du ja"** (Johannes 14,4). Er will dich dort haben, wo er ist! Was für eine Liebe!

1. Ist dir bewusst, dass auf dich eine ewige Wohnung bei Jesus wartet? Denke einmal darüber nach.

2. Wenn du willst, kannst du dir einen zusätzlichen Schlüssel oder einen Schlüsselanhänger an deinen Schlüsselbund hängen, der dich immer daran erinnert.

RÜCKBLICK:

3. Welchen verlorenen Traum konntest du letzte Woche mit einem „Jetzt erst recht!" wiederbeleben?

GEBET:

Mein lieber Jesus, es ist unfassbar (!) zu wissen, dass du gerade eine wunderschöne Wohnung für mich vorbereitest! Wie groß ist deine Liebe! Ehrlich gesagt fällt es mir sehr schwer, das zu glauben. Denn ich habe es einfach nicht verdient. Und dann antwortest du mit dem Kreuz, bist auch noch gestorben, damit ich ewig leben kann! So sehr willst du mich bei dir haben! Das haut mich um, es macht mich sprachlos. Auch wenn ich so vieles noch nicht begreife, gebe ich dir von Herzen gern *mein Ja* zur Ewigkeit! Ja, ich will für immer bei dir sein! Was für ein Geschenk! Danke für dich in meinem Leben heute und in alle Ewigkeit! Amen.

MEIN JA
ZUR AKTUELLEN PHASE

„Verlass dich nicht auf deine eigene Urteilskraft, sondern vertraue voll und ganz dem Herrn! Denke bei jedem Schritt an ihn; er zeigt dir den richtigen Weg und krönt dein Handeln mit Erfolg."
SPRÜCHE 3,5–6

Quote der Woche:
„Deine Phasen im Leben werden sich verändern – dein dir helfender Gott niemals!"

Es gibt verschiedene Phasen, die man im Leben durchmacht. Das Wort „Phase" meint laut Duden einen Abschnitt innerhalb einer stetig laufenden Entwicklung. Das bedeutet, dass deine Entwicklung etwas ist, das ständig passiert. Von der ersten Sekunde deines Lebens bis zu deinem letzten Atemzug ist dein Leben in verschiedene Phasen eingeteilt. Das zu wissen, sollte dich absolut entspannen, denn nichts bleibt, wie es heute ist. Du WIRST dich verändern! Absolut wichtig ist, dass du erkennst, in welcher Phase du gerade steckst. Denn dann kannst du dementsprechend reagieren, eingreifen oder auch einfach nur ruhig bleiben und abwarten.

Du darfst wissen, dass du in jeder Phase auf dem gleichen sicheren Boden stehen darfst. Denn es gibt einen, der keine „Phasen" hat, sondern der für immer derselbe bleibt: **„Denn Jesus Christus ist immer derselbe – gestern, heute und in alle Ewigkeit"** (Hebräer 13,8; NGÜ). Und dann gibt es noch eine „Bedienungsanleitung" für dein Leben, die ebenfalls für jede deiner Phasen gilt: die Bibel. **„Himmel und Erde werden vergehen [deine verschiedenen Phasen ebenso]; meine Worte aber haben für immer Bestand"** (Matthäus 24,35). Es wäre also total sinnlos, dich in den Momenten, in denen du weder ein noch aus weißt, auf dein Gefühl zu verlassen, das dir einredet, dass sich nie wieder etwas ändern wird: **„Verlass dich nicht auf deine eigene Urteilskraft."**

Ich finde es toll, wie der Vers weitergeht: **„Halte dich nicht selbst für klug; gehorche Gott und meide das Böse! Das heilt und belebt deinen ganzen Körper, du fühlst dich wohl und gesund"** (Sprüche 3,7–8).

Ich will jetzt mal ganz ehrlich werden: Ich selbst sah ja, nachdem mein „Fast-Ehemann" mich hat sitzen lassen und wenige Tage später mit der Nächsten verlobt war, nur noch schwarz und wollte mir sogar aus meiner tiefen Depression heraus das Leben nehmen. Das war eine Phase meines Lebens, die ich in diesem Moment jedoch nicht als „vorübergehend" wahrnehmen konnte. Viel zu real war der Schmerz und viel zu „unsichtbar" die Wahrheiten Gottes. *Es ist also absolut wichtig zu erkennen, in was für einer Phase du gerade steckst – beziehungsweise dass du überhaupt nur in einer Phase steckst!*

Hätte ich in diesem Moment schon klar erkannt, also vorher darüber nachgedacht, dass auch das nur eine Phase ist und Gottes Wort die Macht über Leben und Tod hat, hätte ich nicht überlegt, ob ich in diese Wand fahren soll. Es wäre sogar außer Frage gewesen! Doch ich hatte meine Phase nicht erkannt. Als Petrus wie Jesus über das Wasser gehen wollte, ging alles gut, bis er die ermutigende Aufforderung Jesu „Komm" doch anzweifelte. In diesem Moment begann er zu sinken.

Triff heute die Entscheidung, dich als Basis JEDER Phase bewusst auf den Boden des Wortes Gottes zu stellen und jeder Zusage zu GLAUBEN. **Dann wirst du erleben, wie es in 1. Könige 8,56 heißt: „Jede einzelne seiner Zusagen ist in Erfüllung gegangen!"**

1. In welcher Phase steckst du gerade? Erkenne sie und schreibe sie auf.

2. Welche Phasen gab es schon in deinem Leben, von denen du dachtest, dass sie nie enden werden? Ist das nicht ein Grund für Dankbarkeit?

RÜCKBLICK:

3. Hast du diese Woche daran denken können, dass eine Wohnung für dich im Himmel bereitsteht? Was macht das mit dir?

GEBET:

Vater im Himmel, du änderst dich nie. Das muss ich erst einmal verstehen. Das bedeutet, dass du mich wolltest, wie es in der Bibel steht, und mich immer noch willst, obwohl ich so oft versage. Wow. So viele Phasen hat es in meinem Leben schon gegeben, von denen ich meinte, sie würden niemals enden. Doch du hast mich rückblickend immer hindurchgetragen und mir dabei so vieles beigebracht. Deswegen möchte ich dir auch vertrauen, dass diese aktuelle Phase nicht nur enden wird, sondern auch, dass etwas Gutes daraus entstehen wird. Darum bitte ich dich von Herzen! Deswegen gebe ich dir auch *mein Ja* zu dieser aktuellen Phase! Ich möchte etwas daraus lernen, das mich am Ende stärker machen wird. Danke, dass du währenddessen an meiner Seite bist und bleibst. Amen.

MEIN JA ZU MEHR „WUMMS"

„Begreift doch, dass sich der Herr für mich entschieden hat. Er selbst hat mich berufen."
PSALM 4,4 (NGÜ)

> Quote der Woche:
> „Um deinen großen Traum zu erleben, musst du ‚die kleine Denke' hinter dir lassen!"

Was für ein Selbstbewusstsein, mit dem David hier auftritt! So oft lesen wir die Bibel, um eine persönliche Bestätigung oder tröstende Worte für unsere ach so schwere Situation zu bekommen. Doch mit diesem Vers werden wir diese Woche echt herausgefordert! Denn David spricht etwas an, das uns unser Leben lang so oft gefangen hält: unseren Minderwertigkeitskomplex, den wir einfach nicht in den Griff bekommen!

Diese Woche wünsche ich mir, dass du dich jeden Morgen, sobald du aufstehst, vor den Spiegel stellst und dich selbst mit den Worten bestätigst: **„Begreife doch, dass sich der Herr für dich entschieden hat!"** Du würdest nicht mit diesem Buch in der

Hand dasitzen, wenn Gott nicht etwas Neues in dich legen wollen würde. Doch er braucht etwas mehr „Wumms" von dir! So lange schon versucht er, dein Herz zu erreichen, so lange schon versucht er, dir auf unterschiedlichsten Arten und Weisen zu zeigen, dass du genug bist, doch immer wieder verfällst du in die „kleine Denke". *Um deinen großen Traum zu erleben, musst du „die kleine Denke" hinter dir lassen!*

Was uns außerdem davon abhalten kann, groß zu denken, ist die Angst vor Menschen und die quälende Frage: „Was werden die anderen wohl über mich denken/sagen?" Vielleicht hat man dich für deine großen Träume sogar schon ausgelacht, sodass du dich nun gar nicht mehr traust, dich aus deiner kleinen Denke herauszuwagen. Genau dann hat die Bibel noch ein Geschenk für dich: einen Vers, der dich aus dieser Menschenfurcht und aus deinem Minderwertigkeitskomplex befreien kann: **„Wer das Urteil der Menschen fürchtet, gerät in ihre Abhängigkeit; wer dem Herrn vertraut, ist gelassen und sicher"** (Sprüche 29,25).

Mit dem simplen Gebet: „Jesus, ich vertraue dir, dass du MICH berufen hast! Mit den Gaben, die ich habe, möchte ich anfangen, groß zu denken", kannst du die Gefängnisgitter der Menschenfurcht zersprengen! Bis heute muss auch ich das ganz bewusst angehen. Ich bekomme Anfragen, denen ich mich absolut nicht gewachsen fühle, und denke mir dann: „Aber da sprechen doch sonst nur die richtig ‚Großen', die wirklich bekannt sind und Erfahrung haben. Ich habe nicht die richtigen Worte. Was, wenn ich vor lauter Nervosität nur Müll rede?" Ja, das passiert mir auch noch. Und du kannst dir sicher sein, ich schlafe die Nacht davor nicht und bin den ganzen Tag über „unbrauchbar". ABER: Heute weiß ich, dass es nicht damit zu tun hat, dass ich „nicht fähig" wäre, vor so vielen Menschen zu sprechen. Es liegt nur daran, dass – nennen wir ihn beim Namen – der Teufel mich kleinhalten möchte. *Der Teufel hat schon lange vor dir erkannt, dass Gott dich befähigt hat!* Deswegen erfreut er sich daran, wenn du weiter klein von dir denkst und in deinen Minderwertigkeitskomplexen versinkst.

Deswegen habe ich meine Strategie verändert. Ich gehe nun mit meiner Unsicherheit direkt zu Gott, nehme mir Zeit zum Beten und fange damit an, Gott für alles zu preisen, was er in der Vergangenheit schon durch mich bewirkt hat. Und dann erinnere ich mich daran, dass ER MICH wollte, auch wenn ich das nicht verstehe. Ja, ich bitte ihn, DURCH mich hindurch zu sprechen, lege jeden Stolz (der oft in verdrehter Form als Minderwertigkeitskomplex zu finden ist!) ab und bitte ihn, mir Kraft zu schenken: **„Gott wird dir die nötige Kraft geben! Er ist es ja auch, der uns gerettet und dazu berufen hat"** (2. Timotheus 1,8–9; NGÜ). Dann singe ich los und bete ihn an.

Aus dieser Haltung heraus wirst du nicht versagen können! *Gott hat dich nicht nur gerettet, damit du gerettet bist. Er hat dich berufen!* Und die Fülle dieser Berufung entfaltet sich oft erst, wenn wir das Gefängnis dieser „kleinen Denke" verlassen!

1. Wovon hält dich deine „kleine Denke" gerade ab?

2. Wo könntest du deine Menschenfurcht durch das Vertrauen in Gottes Allmacht ersetzen? Lerne Sprüche 29,25 auswendig, wenn du aufgrund dessen, was Menschen über dich und deine Visionen gesagt haben, nun Angst hast, groß zu träumen.

RÜCKBLICK:

3. Hat es dir geholfen, deine aktuelle Phase zu erkennen? Was hat es verändert?

GEBET:

Jesus, zu dir darf ich so kommen, wie ich bin. Auch mit meiner kleinen Denke. Deswegen möchte ich das tun und sie heute bei dir ablegen. Denn eigentlich engt sie mich nur ein und hält mich gefangen, das habe ich nun erkannt. So lade ich jeden Minderwertigkeitskomplex, aber auch jeden Stolz bei dir ab, damit ich das voll ausleben kann, was du für mich schon immer vorbereitet hast. Ich möchte dieses Leben in Fülle! Dazu brauche ich manchmal echt mehr „Wumms", das erkenne ich an. Und zu diesem „Wumms" möchte ich dir heute *mein Ja* geben, auch wenn es noch ungewohnt ist. Hilfst du mir bitte dabei? Danke, dass du mich so sehr liebst, dass du mir hilfst, die beste Version meiner selbst zu werden. Danke dafür! Amen!

MEIN JA
ZUM DRANBLEIBEN

„Wegen der Esel brauchst du dir keine Sorgen mehr zu machen.
Sie sind gefunden.
Außerdem gehört alles Wertvolle ohnehin dir."

1. SAMUEL 9,20

> Quote der Woche:
> „Es hängt ein Segen an dem, was du verloren hast!"

Bevor du jetzt denkst: „Ich habe doch gar keinen Esel", möchte ich dir erklären, für was der Esel sinnbildlich in deinem Leben steht. Er steht für das, was du für verloren hältst. Vielleicht bist du so sehr verletzt worden, dass du unmöglich noch an die große Liebe glauben kannst. Oder du hast deinen Job verloren und hast keine Lust mehr, immer wieder aufs Arbeitsamt zu rennen, weil du ohnehin denkst: „Ich werde nie einen Job finden."

Was ist es, das DU verloren hast? DAS ist dein Esel. In 1. Samuel geht es um Saul, bevor er König wurde. Sein Vater war ein reicher und angesehener Mann. Er hätte sich locker neue Esel besorgen können, doch er schickte seinen Sohn Saul los, DIESE Esel wiederzufinden. Heute möchte ich dich gedanklich losschicken, deine verlorenen Träume wiederzufinden. Denn was, wenn ich dir sage: „Es hängt ein Segen an dem, was du verloren hast"?

Saul hätte sich denken können: „Dumme Esel, ich hätte gern etwas mehr ‚Glamour' in meinem Leben." Und du könntest dir denken: „Wieso all den Aufwand ‚nur' für einen Job betreiben, der mir dann doch keinen Spaß macht, weil die vom Arbeitsamt eh nicht wissen, was ich will?"

Es hängt ein Segen an dem, was du verloren hast! Und während Sauls anstrengender Suche, die er fast schon aufgeben wollte (aha, er kannte das also auch!), traf er nicht zufällig, sondern „von Gott gewollt" auf Samuel. Zu Samuel hatte Gott wiederum schon klar gesprochen und ihm mitgeteilt, dass Saul kommen würde und er ihn zum König salben sollte. Von „Ich geh Esel suchen" zu „Ich bin dann mal König" – das ist schon ein krasser Schritt!

Gott ging es in diesem Moment also nicht um den Esel, so wie es ihm nicht um das Arbeitsamt geht, sondern es geht ihm um deine Treue: **„Nur wer im Kleinen treu ist, wird es auch im Großen sein"** (Lukas 16,10).

Stehen bleiben solltest du auf deinem Weg nur, wenn Gott klar spricht. Denn er will dir zeigen, was ihm alles möglich ist, wenn du weitermachst, auch wenn deine Esel (Träume) verloren scheinen! Saul hatte treu alles getan, was in seiner Macht stand. Ja, er ist durch den Dreck gelaufen. Ja, er war müde. Doch er wäre niemals als Ehrengast beim Festmahl von Samuel gelandet, wenn er nicht diesen Weg gegangen wäre.

Und es gab einen Punkt, an dem Gott ihn anhielt: **„Bleib stehen, ich habe dir eine Botschaft von Gott mitzuteilen"** (1. Samuel 9,27).

In diesem Moment verkündete Samuel Saul, dass er König werden würde! So, wie er war: in seinen nach Schweiß riechenden Klamotten.

Gott „nutzt" es nichts, wenn du Tag und Nacht im Fitnessstudio verbringst und immer herrlich duftest, aber nicht bereit bist, wieder aufzustehen, wenn dir das Leben eine Ohrfeige verpasst hat. Er ist auf der Suche nach denen, die TROTZDEM weitermachen! Nach denen, denen die „kleinen Dinge" wichtig genug sind. Nach denen, die nicht aufgeben, wenn sie etwas verloren haben, das ihnen wertvoll war.

Ich sage es noch einmal: Es hängt ein Segen an dem, was du verloren hast! Deswegen bleibe nicht stehen – lass dich davon überraschen, was hinter deinem vermeintlichen „Esel" steckt.

1. Was ist der „Esel" in deinem Leben?

2. Wo hast du unterwegs aufgegeben? Bist du bereit, noch mal aufzustehen?

RÜCKBLICK:

3. Konntest du anfangen, aus deiner „kleinen Denke" auszubrechen?

GEBET:

Jesus, danke für die Lektion in dieser Woche. Tatsächlich reagiere ich oft eher mürrisch darauf, wenn es heißt: „Du musst nur dranbleiben." Heute ist man es gewohnt, etwas, das nicht funktioniert, gleich durch etwas Neues zu ersetzen und sich nicht lange damit abzumühen. Man denkt gar nicht mehr darüber nach und wählt wie selbstverständlich den Weg des geringsten Widerstandes. Aber du, Gott, willst, dass ich dranbleibe, auch wenn es anstrengend wird. Tatsächlich gibt es da auch diesen Esel in meinem Leben, den ich zurückgelassen habe, weil ich einfach aufgegeben habe. Heute möchte ich ihn mir zurückholen, weil da sicher auch ein verborgener Segen dahinter ist! Ich sage Ja zu „meinem Esel" und gebe dir *mein Ja* dazu, auch wirklich dranzubleiben. Schenk du mir bitte die Kraft durchzuhalten! Amen.

MEIN JA ZUR HOFFNUNG

„Haltet daher an der Botschaft fest,
die zum Leben führt!"
PHILIPPER 2,16 (NGÜ)

> Quote der Woche:
> „Du hast immer die Wahl zwischen Frust und Hoffnung."

Kennst du diese bestimmte Art von Zitaten, die so oft in den sozialen Medien gepostet werden, wie zum Beispiel: „Niemand ist zu beschäftigt, um sich bei dir zu melden, die Frage ist nur, welche Rolle du in seinem Leben spielst."

Vielleicht bist du auch einer von diesen Menschen, die so etwas lesen und dann genau so empfinden. Aber weißt du was? Ich nehme mir jetzt einmal die Freiheit heraus und sage dir etwas, ohne dich zu kennen. Da ich selbst eine von denen gewesen bin, die in ihrem Schmerz solche Zitate geliebt haben, wage ich es so hart zu sagen: „Nicht die andere Person ist das Problem. DU bist es. Oder du HAST es." Ja, sicher tut es weh, dass sich keiner bei dir meldet, und du darfst auch darüber enttäuscht sein, aber glaubst du wirklich, dass es dich glücklicher macht, wenn du deinen Frust mit solchen Zitaten noch befeuerst?

Wenn du selbst so etwas postest, kannst du dir sicher sein, dass du ganz viel Zustimmung von ebenso verletzten Menschen erhalten wirst, und gemeinsam werdet ihr euch dann im Selbstmitleid suhlen. Aber wird das etwas an deinem Leben verändern? Nein, es wird dein Leben höchstens schwerer machen. Denn wenn du nur genauso frustrierte Menschen um dich herum hast und ihr euch gegenseitig immer tiefer herunterzieht, dann sieht die Welt echt düster aus. Deswegen musst du dich entscheiden, die Hoffnung reinzulassen. *Ja, entscheide dich, ein Fenster der Hoffnung zu öffnen, bevor du erstickst!*

Solch ein Post bereitet nur Schmerz, den du selbst zu heilen versuchst, anstatt dass du ihn in Gottes Hände legst. Und wenn wir ehrlich zu uns selbst sind, steckt da irgendetwas in uns, das allen zeigen möchte: „Ich gehe gerade durch eine sehr schwere Zeit. Schaut her, schaut her! Und die, die mir das angetan haben, sollen sehen, wie viele hinter mir stehen mit meiner Meinung!"

Du stehst so nah vor deinem Durchbruch, du weißt genau, dass du nicht durch dieses Selbstmitleidstal gehen musst, aber wieso erscheint dir der Weg zu Jesus in solchen Momenten so schwer? **„Haltet daher an der Botschaft fest, die zum Leben führt."**

Das wäre die andere Option. Du könntest dich auch in die Bibel vertiefen, die voller Hoffnung steckt, anstelle dich mit Zitaten zu beschäftigen, die dich nur noch weiter herunterziehen. Zum Beispiel sagt die Bibel: **„[...] auch wenn ihr jetzt für eine kurze Zeit leiden müsst – dieser Gott wird euch mit allem versehen, was ihr**

nötig habt; er wird euch im Glauben stärken, euch Kraft verleihen und eure Füße auf festen Boden stellen" (1. Petrus 5,10; NGÜ). Wenn du mit deiner Verletzung, deiner Einsamkeit direkt zu dem gehst, der sagt: „Schau her, schau her! Für all das bin ich doch schon ans Kreuz gegangen! Jetzt, wo du bei mir bist, werde ich dich so stark machen wie nie zuvor!", dann wirst du gar keine Lust und Zeit mehr haben, so einen frustrierten Post zu machen oder bei anderen zu lesen. *Denn der, der verspricht, bei dir zu sein, wird dich stärken und verändern. Trotz oder gerade durch diese schmerzhafte Erfahrung im Leben.* Und ab dann werden deine Zitate voller Hoffnung sein, wie zum Beispiel: **„Auch wenn es durch dunkle Täler geht, fürchte ich kein Unglück, denn du, HERR, bist bei mir. Dein Hirtenstab gibt mir Schutz und Trost"** (Psalm 23,4).

Vielleicht wirst du für diesen Post nicht ganz so viele Likes bekommen wie für deine frustrierten, aber glaube mir, du wirst Leben damit verändern! Denn Menschen sehnen sich nach Hoffnung. Und wenn sie sehen, dass dieser Jesus deine Situation verändern konnte und du dabei nicht einmal deine Freude verloren hast, dann werden vielleicht auch sie ihm eine Chance geben wollen. Und, wie willst du in Zukunft mit Frust umgehen?

1. Erkennst du dich hier wieder? Postest du auch solche Zitate, wenn es dir nicht gut geht?

2. Gehe es diese Woche gleich aktiv an und ändere deine entmutigenden Posts in hoffnungsvolle Ermutigungen!

RÜCKBLICK:

3. Konntest du deinem verlorenen „Esel" nachgehen? Welche Schritte bist du gegangen?

GEBET:

Jesus, es ist wahr, so oft hänge ich mich an Zitate, die meinen Frust nur weiter bestätigen, oder an Freunde, die mich mit Mitleid befeuern, obwohl du mir doch eine Botschaft geschenkt hast, die zum Leben führt und in jeder Situation Hoffnung schenkt! Und diese Botschaft ist so greifbar nah, in Form der Bibel. Dennoch bin ich oft versucht, den leichteren Weg zu gehen. Und dieser Weg besteht aus Frust und Selbstmitleid. Ich gebe dir heute *mein Ja* zur Hoffnung! Zu DEINER Hoffnung! Bitte lass mich eine große Lust an deiner Botschaft bekommen, damit ich sie ganz neu für mich entdecke und sie anfängt, wirklich in mir zu leben. Ich wünsche mir, dass mir in jeder Situation der richtige Bibelvers einfällt, und möchte dadurch auch zur Ermutigung für andere werden. In Jesu Namen, amen.

MEIN JA ZUM HINHÖREN

„Kommt vor mein Angesicht,
sucht meine Nähe!"
PSALM 27,8 (NGÜ)

Quote der Woche:
„Nach deinem Amen geht's erst richtig los!"

Ganz oft heißt es in der Bibel: „Gott spricht" oder „Jesus sagt". Wäre es nicht schön, das wäre heute noch genauso? Du würdest genau wissen, wann Gott mit dir redet? Hast du dich auch schon einmal bei dem Gedanken ertappt: „Wieso scheint es, als würde Gott zu allen anderen sprechen, nur nicht zu mir"?

Ich zumindest habe das als Kind oft gedacht, was mir gleichzeitig zeigt, dass ich damals schon eine große Sehnsucht nach Gott hatte, die sogar biblisch begründet wird: **„In das Herz des Menschen hat er den Wunsch gelegt, nach dem zu fragen, was ewig ist"** (Prediger 3,11).

Dennoch konnte ich Gott nicht reden hören. Glaubte ich. Ich will dir vorweg etwas mitgeben, einen Satz, den du vielleicht erst einmal sacken lassen musst: *Würde Gott wirklich seinen Sohn für dich an ein Kreuz hängen lassen, um danach keinen Kontakt mehr zu dir haben zu wollen?*

Selbst Mütter, die aus verschiedensten Gründen ihre Babys abgegeben haben, tragen ihr Leben lang diesen Gedanken in sich: „Wie es meinem Kind wohl geht?" Im Fernsehen sieht man so oft Beiträge, in denen sich die Mütter dann auf die Suche nach ihren Kindern machen. Wenn diese Sehnsucht nach Kontakt zu dem eigenen Kind schon in uns unvollkommen liebenden Menschen steckt, wie viel mehr muss sie dann in Gott, der Liebe in Person, stecken, der seinen Sohn gab, damit alle, die an ihn glauben, Kinder Gottes werden können. Kinder, mit denen er unbedingt in Beziehung treten möchte und um deren Wohlergehen er sich sorgt. Wir selbst sind es, die oft so abgelenkt sind, dass wir seine Kontaktversuche ignorieren und uns stattdessen andere Optionen für ein glückliches Leben offenhalten als ein Leben in enger Beziehung mit ihm. Doch *Gott will dich ganz für sich*: **„Er ist ein heiliger Gott und will, dass ihr ihm allein gehört"** (Josua 24,19).

Wenn er sich so sehr für dich interessiert, darf ich dich fragen, wie du ihm DEIN Interesse an ihm zeigst? Suchst du nach ihm? Wo und wann gibst du Gott in deinem überfüllten Alltag Zeit, zu dir zu sprechen? *Gott möchte nicht nur in deinen Alltag reingequetscht werden, er möchte die Basis eines jeden Schrittes sein, den du unternimmst!*

Manchmal ertappe ich mich dabei, wie ich nach dem „Amen" wieder aufspringe und mit dem nächsten Projekt beschäftigt bin. „Ist ja auch für die Kirche." Weißt du, dass es Gott mehr wert ist, dich einmal ganz für sich zu haben, als deine Arbeit für die Kirche (falls du eine hast)? Wenn sie nicht aus einer Beziehung zu ihm, also aus Liebe, geboren und gemacht wird, dann wirst du höchstens die Gottesdienstbesucher damit glücklich machen. *Deine persönliche Beziehung zu Jesus, dein „Sein" in seiner Gegenwart, ist ihm mehr wert als alles, was du für ihn tun könntest!*

In Lukas 10,38 kannst du die Geschichte von Maria und Martha nachlesen. Maria setzte sich sofort zu Jesu Füßen, um zu HÖREN, was er sagen würde. Martha hingegen machte sich sehr viel Arbeit, damit die Gäste („Was werden sie sonst sagen?") gut versorgt sein würden. Und Jesus sagte zu ihr, nachdem sie sich bei ihm über ihre Schwester beschwert hatte: **„Maria hat das Bessere gewählt, und das soll ihr nicht genommen werden"** (Lukas 10,42; NGÜ).

Was du in der Gegenwart Gottes bekommst, kann dir niemand nehmen. Maria saß einfach nur zu Jesu Füßen und hörte zu. Sie sagte nichts. Wann nimmst du dir die Zeit, einfach vor Jesus zu sitzen und nichts zu sagen? Gott möchte sich sicher sein, dass du bereit bist, dass du es wirklich willst! Wenn Gott zu dir spricht, will er wissen, dass der Boden, auf den er seine Worte fallen lässt, BEREIT ist zu hören und danach zu handeln. Er wünscht sich, dass du nach dem „Amen" nicht einfach nur aufspringst und schaust, was ER für dich tun wird, ohne überhaupt einmal hingehört und ihn nach seiner Meinung gefragt zu haben. Nach deinem „Amen" geht's erst richtig los …!

1. Lass uns das direkt üben: Du kannst gerne das heutige Gebet nutzen oder ein eigenes formulieren. Und dann, nach deinem „Amen", bleib einfach

still in Gottes Gegenwart sitzen. Vielleicht lässt du Lobpreismusik laufen, vielleicht aber auch gar nichts. Nimm dir bewusst Zeit, um zu hören.

2. Lass es diese Woche eine Gewohnheit werden, nach dem Amen immer noch einen Moment abzuwarten.

RÜCKBLICK:

3. Hast du letzte Woche Ermutigungen aussprechen oder posten können?

GEBET:

Jesus, erst einmal möchte ich dir für diese neue Woche danken. Danke, dass du mich in meinem Leben schon so weit getragen hast! Heute erkenne ich an, dass ich mein Gebet oft nur „herunterbete" und gar nicht hinhöre, ob du vielleicht eine Antwort für mich hast. Das tut mir leid. Denn ich möchte so gern hören, was du mir sagen möchtest. Bitte sprich zu mir. So deutlich wie niemals zuvor. Du bekommst *mein Ja* zum Hinhören! Ich möchte dich nicht nur in meinen Alltag quetschen, ich möchte, dass du der Boden wirst, von dem aus ich jeden neuen Schritt gehe. Ich brauche dich! Und ich liebe dich! Amen!

MEIN JA
ZUR SICHERHEIT

„Ich habe von Anfang an vorausgesagt,
was geschehen wird."
JESAJA 46,10

Quote der Woche:
„Je unstabiler deine Welt dir erscheint, desto
sicherer wirst du deinen Gott erleben können."

„Ich hab's dir doch gesagt!" Diesen Satz hast du sicher auch schon von Freunden gehört, die vorher offensichtlich genau wussten, was passieren würde, wenn du diesen Weg einschlägst. Wie oft bin ich frustriert von einer Reise nach Hamburg oder Berlin zurückgekommen, wo ich einen Manager getroffen hatte oder bei einer Plattenfirma gewesen war, die mir wieder einmal ins Gesicht gesagt hatte, dass ich mir doch endlich einen richtigen Job suchen sollte, da das mit der Musik nie etwas werden würde. Und wieder einmal musste mein Produzent mir danach die Tränen trocknen und mich erinnern: „Ich hab's dir doch gesagt. Es ist noch nicht der richtige Zeitpunkt."

Doch es ist gar nicht so leicht, den richtigen Zeitpunkt zu kennen und zu wissen, welchen Worten man Glauben schenken kann. Die Plattenfirma zum Beispiel sucht heute diesen Typ Künstler und morgen gerade das Gegenteil davon. Heute ist dein Song unpassend, morgen der gesuchte Hit. Sich an solch einer unstabilen Welt zu orientieren ist gar nicht so leicht. Doch genau deshalb will Gott dir durch sein Wort Sicherheiten mitgeben, die sich niemals ändern: **„Berge mögen einstürzen und Hügel wanken, aber meine Liebe zu dir wird nie erschüttert. Das verspreche ich, der Herr, der dich liebt"** (Jesaja 54,10).

WOW! Und nicht nur das, es geht weiter! O.k., die Plattenfirma hat mir eine Absage erteilt. Aber wieso hat Gott diese Gabe und diesen Traum, etwas daraus zu machen, in mich hineingelegt? Um mir von einem Menschen, der nicht einmal weiß, was morgen sein wird, sagen zu lassen, dass ich keine Chance habe? Moment einmal: Das passt doch gar nicht zusammen! **„Meine Pläne verwirkliche ich, und was mir gefällt, das führe ich aus. Ich habe diesen Plan gefasst und werde ihn verwirklichen"** (Jesaja 46,10–11).

Wenn Gott dir etwas auf dein Herz legt, dann nicht aus Langeweile. Ganz im Gegenteil! Wenn du mit Fleiß an die Sache rangehst: **„Werde nicht nachlässig, sondern sporne dich immer wieder an"** (Sprüche 3,3), und auch tausend Rückschläge erträgst, wirst du erleben, wie Gott sein Wort hält! *Das, was Gott dir auf dein Herz gelegt hat, ist oft auch mit einer Portion Arbeit verbunden, bevor du später mit viel Segen überschüttet wirst.*

„Verlass dich nicht auf deine eigene Urteilskraft [oder die eines anderen Menschen, der dich be- oder gar verurteilt], sondern vertraue voll und ganz dem Herrn. Denke bei jedem Schritt an ihn; er

zeigt dir den richtigen Weg und krönt dein Handeln mit Erfolg" (Sprüche 3,5–6; Hervorh. d. Verf.).

Voll und ganz bedeutet: ohne jeden Zweifel. Wir sind so oft versucht, Menschen mehr zu glauben als Gott. Aber das ist etwas, das wir lernen können: Gott zu vertrauen! Einem Menschen zuzuhören ist, wie Nachrichten zu schauen. Sie können dir nur sagen, was schon passiert ist. Doch wenn du Gottes Wort liest, kann es dir sagen, was noch kommen wird: **„Lange im Voraus kündigte ich die ferne Zukunft an"** (Jesaja 46,10), und dazu noch, wie du dich darauf vorbereiten kannst! Und wem vertraust du jetzt?

1. Gott, den du nicht siehst, mehr Vertrauen zu schenken als Menschen, die dir ständig zusprechen, ist nicht leicht. Wie sehr hast du das schon gelernt?

2. Bist du bereit, in diesen Traum, den Gott in dein Herz gelegt hat, noch einmal eine große Ladung Arbeit zu investieren, auch wenn man dich nur entmutigt hat?

RÜCKBLICK:

3. Hast du es geschafft, nach deinem Gebet, nach dem „Amen", keinen Punkt zu setzen, sondern abzuwarten? Was hast du erlebt?

GEBET:

Jesus, ich hatte da einmal einen Traum, doch ich habe so oft gehört, dass er nicht realisierbar ist. Dass ich zu klein, zu schwach, zu arm, zu untalentiert oder sonst etwas bin. Es tut mir leid, dass ich so sehr auf Menschen gehört habe, dass genau das passiert ist: Ich habe aufgehört, darum zu kämpfen. Ich erkenne heute, dass du nicht meine ganze Sicherheit warst. Ich falle einfach immer wieder in diese Stolperfalle, Menschen mehr Glauben zu schenken als dir. Ich gebe dir heute aber bewusst *mein Ja* zur Sicherheit, die ich in dir finde. Ich weiß, um diese zu er- und behalten, muss ich mehr Zeit in deinem Wort und mit dir verbringen. Führe und leite du mich mit diesem Traum, den du mir aufs Herz gelegt hast! Ja, DIR will ich vertrauen. Amen.

37.
MEIN JA
ZUM RICHTIGEN CHEF

„Unterstellt euch Gott, und widersetzt euch dem Teufel.
Dann muss er von euch fliehen!"
JAKOBUS 4,7

„Ordnet euch daher Gott unter! Und dem Teufel widersteht,
dann wird er von euch ablassen und fliehen!"
JAKOBUS 4,7 (NGÜ)

> Quote der Woche:
> „Der Teufel hat keine Sekunde deiner Zeit verdient!"

Ich möchte hier ganz bewusst mit beiden Übersetzungen arbeiten, denn sie tragen beide ganz wertvolle Wörter in sich: WIDERSETZT und WIDERSTEHT! Du kennst diesen Vers sicher, aber hast du dich schon einmal gefragt, wie das im Alltag aussehen könnte?

Ich muss mich korrigieren. „Könnte" wäre ja nur eine Option. *Du MUSST dich dem Teufel widersetzen beziehungsweise ihm widerstehen können, wenn du ein erfülltes, freies, glückliches Leben führen möchtest!*

Nehmen wir beide Wörter einmal unter die Lupe. Ich liebe die Synonyme, die der Duden uns mitgibt für das Wort „widersetzen": sich auflehnen, sich empören, sich entgegenstemmen, entgegentreten, meutern, sich wehren, Widerstand entgegensetzen, zur Wehr setzen – und das sind nur ein paar davon!

Zu dem Wort „widerstehen" findet man spannenderweise auch die Erklärung: „bei jemandem Ekel hervorrufen". Und jetzt wende das alles mal an! Stell dir vor, du bist auf eine Hochzeit eingeladen und es fällt dir sowieso schon schwer hinzugehen, da du weit und breit der einzige Single bist. Natürlich findest du wieder einmal nichts zum Anziehen und schließlich bist du frustriert, bevor es überhaupt losgeht. Du blickst in den Spiegel und hörst diese Stimme in deinem Kopf: „Dich will ja eh keiner. Hast du dich schon mal angesehen?"

Und JETZT solltest du es dir antrainieren, dich diesen Lügen SOFORT zu widersetzen, dich also über diese Worte zu empören, dich zu wehren, dich ihnen förmlich entgegenzustemmen und entgegenzutreten! Und womit? Mit der Wahrheit, die Gott über dich sagt!

Wenn du wieder einmal diese Stimme in deinem Kopf hörst, sollte es Ekel in dir hervorrufen. Nicht dein Anblick, aber diese hässliche Stimme des Teufels, die so widerlich ist, dass es in dir einen Würgereiz auslöst und du nur noch wegwillst.

Wenn du deine Aggressionen mal ausleben willst: Bitte schön, hier darfst du es! Und das gilt für jeden Moment, in dem der Teufel dir etwas wie „Das wirst du niemals schaffen!" oder „Du bist ein Versager" einreden möchte. *Weise den Teufel in seine Schranken und er wird verschwinden!* Das wäre meine Übersetzung.

Aber wir dürfen auch nicht übermütig werden, sondern uns darüber bewusst sein, dass wir es allein niemals schaffen werden. **„Ich weiß, ihr wollt das Beste, aber aus eigener Kraft könnt ihr es nicht erreichen"** (Matthäus 26,41). Nur unter dem Schutz Gottes wirst du diese Autorität über den „wütenden Teufel" bekommen.

Im Job bist du sehr happy, wenn du einen Fehler machst und dein Chef die Sache wieder „zurechtbiegt", weil du ihm unterstellt bist. Und genauso darfst du dein Leben Gott unterstellen, um immer wieder seinen Schutz und seine Rückendeckung zu bekommen. Wenn der Teufel das nächste Mal an deine Tür klopft und dir wieder seine hässlichen Lügen einreden will, dann kannst du ihm selbstbewusst entgegentreten, ihm widerstehen und ihn direkt an deinen Chef verweisen. Der kommt dann schon mit ihm klar. *Schenke dem Teufel keine einzige Sekunde deiner Aufmerksamkeit!* **„Hab keine Angst, und lass dich von niemandem einschüchtern!"** (5. Mose 31,8).

1. Lerne die Synonyme zu „widersetzen" und „widerstehen" auswendig, um immer gewappnet zu sein.

2. Hinterfrage dich selbst einmal: Wer ist der Chef deines Lebens? Wem gehorchst du mehr und wem schenkst du mehr deiner wertvollen Zeit?

RÜCKBLICK:

3. Was hast du letzte Woche mitgenommen? Fällt es dir etwas leichter, Gott mehr Vertrauen zu schenken, als den Menschen?

GEBET:

Jesus, das ist mir meistens gar nicht so bewusst, dass in der geistlichen Welt so ein heftiger Kampf zwischen Himmel und Hölle stattfindet. Ich merke, dass ich allein das Wort „Teufel" gar nicht bewusst in den Mund nehmen möchte. Doch auch er ist real. Und er hat leider nichts Besseres im Sinn, als zu zerstören. Deswegen muss ich mir immer wieder neu bewusst machen, dass ich in dir alles habe, was ich brauche, um ihm zu widerstehen! Ja, du bist mein wundervoller Chef, der sich unglaublich gut um seine Angestellten kümmert. Dafür möchte ich dir von Herzen danken! Und ich gebe dir, als meinem Chef, und keinem anderen *mein Ja*! Bei dir will ich immer sein und bleiben und keine Sekunde meines Lebens für das Böse verschwenden. Ich liebe dich. Danke, dass du mich zuerst geliebt hast. Amen.

38.
MEIN JA
ZUR FURCHTLOSIGKEIT

„Jeder, der sich fürchtet und mutlos ist, soll umkehren.
Sonst steckt er vielleicht die anderen mit seiner Angst an."
5. MOSE 20,8

> Quote der Woche:
> „Du kannst deinen Ohren beibringen, nur noch die Wahrheit zu hören!"

Weißt du, wie oft ich mutig sein musste, um heute da zu sein, wo ich bin? Gerade jetzt, während ich dieses Buch schreibe, wird mir das sehr bewusst. Denn ich habe durch die Corona-Krise mehr Zeit als sonst, um nachzudenken. Und ich merke, dass es ein Geschenk ist, dass ich oft nicht groß nachgedacht, sondern einfach weitergemacht habe. Hätte ich über all die Stimmen nachgedacht, die mir gesagt haben: „Oh, Déborah, der Markt ist so voll, dich braucht es da nicht auch noch", hätte ich aufgegeben.

Während ich in dieser für mich etwas ruhigeren Phase die Bilder auf meinem iPhone durchsehe, STAUNE ICH darüber, wie viele Erinnerungen sie in mir wachrütteln. Wie viele Male ich geweint habe. Wie viele Nächte ich übermüdet durchgearbeitet habe. Wie oft ich die negativen Einstellungen von Menschen einfach nicht mehr ertragen konnte. Wie oft das Geld knapp war. Wie viele „Jobs", die mir absolut keinen Spaß gemacht haben, ich annehmen musste, weil ich das Geld für das Album gebraucht habe. Wie ich unerwartet krank wurde und dennoch durchhalten musste. Wie viele Dinge schiefgelaufen sind von technischem Equipment, das plötzlich nicht mehr funktionieren wollte, abgestürzten Computern bis hin zu einer heiseren Stimme aus dem Nichts – und wie Menschen nach all der Arbeit immer noch Dinge sagten wie: „Ja, aber das hättet ihr ja auch anders machen können." Keine Unterstützung, kein Lob, nur ein „Ihr hättet ja...". ALL DAS IST REALITÄT.

Dieser Realität wirst du 100 %ig begegnen, wenn Gott dir etwas aufs Herz gelegt hat und du anfängst, dafür zu kämpfen! Es wird nicht leicht. Daniel, mein Produzent, und ich wissen mittlerweile, wie das läuft. Ein Blick zwischen uns genügt, wenn wir wieder entmutigenden Momenten begegnen: „Wir sind auf dem richtigen Weg!", sagt er mir dann.

Du brauchst Menschen, die dir Mut zusprechen, auch wenn es nur eine Person ist, die dich begleitet. Ich habe in diesem Buch schon von Saul gesprochen, der auf der Suche nach seinen verlorenen Eseln war und schon aufgeben wollte. Da entgegnete sein Knecht: **„Warte noch!"** (1. Samuel 9,6).

Du brauchst diesen Menschen, der dir kurz vor dem Aufgeben zuruft: „Warte noch!" Der mit dir sieht, was noch keiner sehen kann. Und ich weiß, dass du jetzt denken könntest: „Aber ich habe niemanden." *Gott wird immer jemanden auf deinen Weg stellen, der dich ermutigen wird, wenn du nur weitergehst und nicht mutlos wirst!* Gott hat sogar schon durch einen Esel gesprochen (vgl. 4. Mose 21,22–30), meinst du nicht, er findet einen Weg, um auch zu dir zu sprechen?

Wenn du überzeugt davon bist, dass Gott dir einen Traum gegeben hat, dann musst du auch bereit sein, für diesen zu kämpfen! Nicht darüber nachzudenken, was andere sagen, sondern immer nur der Stimme Gottes zu folgen. *Trainier dein Ohr darauf, nur noch Gottes Worten Glauben zu schenken!* Denn du trägst nicht nur die Verantwortung für dein Leben, sondern für all diejenigen, die dir zuschauen. Willst du ein Vorbild der Furchtlosigkeit und des Vertrauens in Gott werden? Oder zu einem Menschen, von dem es heißt: „Er/Sie hat mittendrin den Mut verloren und ist zurück in sein altes Leben..."?

1. Wo bist du noch zu sehr abhängig von dem, was andere sagen oder denken?

2. Wer in deinem Umfeld ist dieser Ermutiger oder könnte es werden? Sprich diese Person diese Woche einmal bewusst darauf an, danke ihr und bitte sie, dich weiter zu ermutigen. Wo kannst du selbst so ein Ermutiger sein? Für wen?

RÜCKBLICK:

3. Kannst du die Synonyme zu „widersetzen" und „widerstehen" auswendig? Was hast du letzte Woche lernen dürfen?

GEBET:

Vater, ich möchte nicht zu denen gehören, von denen man sagt: „Er/Sie hat mittendrin aufgegeben!", oder: „Er/Sie hatte so ein großartiges Talent, aber hat niemals etwas daraus gemacht, weil keiner ihm/ihr geholfen hat." Ich möchte, dass andere mich als Vorbild sehen können: „Wenn er/sie es geschafft hat, dann schaffe ich das auch!" Und deswegen gebe ich dir heute *mein Ja* zur Furchtlosigkeit! Und diese bekomme ich dank deiner Hilfe! Darum bitte ich dich heute ganz bewusst, meine Ohren für die Lügen aufmerksam zu machen, die mich herunterziehen wollen. Lass du in diesem Fall immer meinen inneren Alarm losgehen, damit mich die Lügen nicht ausbremsen können. Schenke mir bitte Ermutiger auf dem Weg und lass auch mich zu einem Ermutiger werden! In Jesu Namen bete ich, amen!

MEIN JA
ZUR RUHE

„'Kommt mit', forderte Jesus sie auf,
‚wir gehen jetzt an einen einsamen Ort, wo wir für uns sind.
Dort könnt ihr euch ein wenig ausruhen.'"

MARKUS 6,31

Quote der Woche:
„Wachstum beginnt beim Ruhn und nicht beim Tun."

Was steht die Woche alles auf deiner Agenda? Geh es einmal bewusst durch. Stresst dich der Gedanke jetzt schon, oder ist es so, dass du dich auf die Woche freust? Ist dir bewusst, dass die meisten Menschen denken: „Oh nee, schon wieder Montag!"? **„Denn wie der Mensch in seinem Herz denkt, so redet er"** (Lukas 6,45; NGÜ). Das ist doch ein schlimmes Bild, wenn die Herzen der meisten Menschen einer neuen Woche gegenüber negativ gestimmt sind!

Und weißt du, womit das zu tun hat? Sehr oft mit einer zu vollen Woche. Mit der Angst davor, es nicht zu schaffen, und auch mit zu wenig Ruhezeiten, auf die wir uns freuen können.

Wieso sind Arbeitszeiten gesetzlich festgelegt? Wieso war es damals als Flugbegleiterin bei mir so, dass ich nicht über eine gewisse Anzahl an Stunden „in der Luft" sein durfte? Wieso kann dein Körper im Fitnessstudio nicht einfach zehn Stunden lang durchtrainieren? Weil der Mensch Ruhe braucht und Jesus sie uns deshalb sogar verordnet hat! Er kennt deinen Körper und weiß, dass du Ruhe ebenso brauchst wie Arbeit oder Bewegung. *Doch nichts brauchen dein Körper und dein Geist so sehr wie Zeit mit Gott:* **„Kehrt doch um zu mir, und werdet ruhig, dann werdet ihr gerettet! Vertraut mir und habt Geduld, dann seid ihr stark! Doch das wollt ihr nicht"** (Jesaja 30,15).

Ein krasser Vers, oder?! Vor Tausenden von Jahren geschrieben und noch heute die Wahrheit, die wir uns zu Beginn jeder neuen Woche zu Herzen nehmen sollten! Wir glauben, dass wir irgendwie schon alles unter einen Hut bekommen. Manches wäre eigentlich gar nicht nötig, aber tief in uns drin steckt diese Angst, etwas zu verpassen. Oder dieses lästige Argument: „Aber das machen doch alle!"

Sogar Sport kann zu so einem Druck im Leben werden, wenn man es übertreibt: „Wenn ich aber nicht jeden Tag trainiere, dann...?!" Ja, was dann? Dann wachsen deine Muskeln nicht wie gewollt oder du verlierst nicht, wie erhofft, ein paar Kilos?

Wusstest du nicht, dass selbst deine Muskeln Ruhephasen brauchen, weil sie sonst nicht wachsen können? Wieso haben Menschen beim Thema Sport so einen Ehrgeiz, aber wollen ihre geistlichen Muskeln nicht wachsen sehen? Wieso wollen wir abnehmen, aber nicht im biblischen Sinn: **„Er muss wachsen, ich aber muss abnehmen!"** (Johannes 3,30; SLT)?

Wie kann dieser Jesus in dir „mehr werden"? Indem du dir ZEIT für ihn nimmst. Wie kannst du in dem Ganzen „weniger" werden? Einfach nur durch eine bessere Zeitplanung.

Du darfst zu 100 % darauf vertrauen, dass du in Gottes Gegenwart niemals etwas verpassen wirst! Ganz im Gegenteil – wenn du dich für etwas anderes entscheidest, könntest du sogar wertvolle Infos bezüglich deines Lebens und deiner Bestimmung verpassen!

Obwohl die Jünger gerade echt einen guten Lauf hatten und selbst ohne Jesus erfolgreich „on tour" gewesen waren, verordnete er ihnen Ruhe. Und in dieser Ruhe sollten sie erst einmal etwas essen (vgl. Markus 6,31). Vielleicht hast du gerade auch einen „guten Lauf" und du müsstest gar keine Pause machen. Aber Jesus sagt heute zu dir: „Lass uns an einen einsamen Ort gehen, wo wir allein sind und wo du dich ein wenig ausruhen kannst."

1. Schaffst du es, diese Woche bewusst von deinem gewohnten Rhythmus abzulassen und Ruhezeiten mit Gott einzuplanen, ohne Angst davor zu haben, etwas zu verpassen?

2. Glaubst du, dass Gott dir in der Ruhe wirklich mehr geben kann, als du selbst je „einplanen" könntest? Wenn nein, besprich das jetzt mit ihm.

RÜCKBLICK:

3. Hast du deinen persönlichen Ermutiger finden können? Bist du ein Ermutiger geworden?

GEBET:

Jesus, hier ist meine Agenda. Ja, ich lege sie dir hin, genauso wie mein ganzes Leben. Ich bitte dich, mir Weisheit zu schenken, wie ich meinen Wochenplan richtig ausfüllen soll. Ich bin so gern der „Macher" in meinem Leben und habe so gern alles unter Kontrolle. Wie blöd ist es eigentlich, wenn ich einerseits darauf vertraue, dass du es gut mit mir meinst, aber andererseits meine Zeitplanung gern selbst managen würde. Ich kann es einfach kaum fassen, dass in dieser „getriebenen" Zeit, in der wir leben und von Erfolg zu Erfolg laufen möchten, Ruhe so sinnvoll ist. Doch ich möchte glauben, dass ich in der Ruhe wachsen werde. Dass Ruhe göttlich ist. Denn selbst du hast am siebten Tag geruht. So gebe ich dir heute **mein Ja** zur Ruhe und bitte dich, mir zu helfen, das wirklich auch umzusetzen. Mein Leben gehört dir. Und das ist das Beste, was mir je hätte passieren können. Ich liebe dich! Amen.

40.

MEIN JA
ZUR URTEILSFÄHIGKEIT

„Glücklich der Mensch, der weise und urteilsfähig geworden ist!
Er ist reicher als jemand, der Silber und Gold besitzt."
SPRÜCHE 3,13–14

> Quote der Woche:
> „Lass dein Bitten immer mit Danken beginnen."

Ich war verliebt. Und ihm war es finanziell gesehen möglich, mir alles zu schenken, was ich mir nur erträumt hatte. Ich gebe zu: Von diesem Reichtum habe ich mich in dieser Zeit völlig blenden lassen. Da ich dieses Leben nicht kannte, wollte ich es vollends auskosten. Er glaubte, mich durch teure Geschenke an sich binden zu können, und ich wiederum ließ mich gern mit all diesen wertvollen Designer-Handtaschen, -Klamotten, -Schuhen und Schmuckstücken beschenken. Ich glaubte bei jedem neuen Teil, das er mir kaufte: „Wenn ich DAS habe, dann brauche ich nichts anderes mehr zu haben!" Schwachsinn! Kaum war die neue Kollektion erschienen, war mein teuer erstandenes Glück nur noch ein „Sale"-Produkt und kaum noch etwas wert.

Der weise König Salomo hatte tatsächlich ein paar Hundert Frauen (andere Zeiten, andere Sitten)! Doch was für uns wichtig ist, ist die Information, dass er Gott an erster Stelle liebte, mehr als jeden Reichtum, mehr als alles, was er besaß. Als Gott ihm das Angebot machte: **„Erbitte von mir, was du willst!"** (1. Könige 3,5), hätte er locker sagen können: „Cool, dass du fragst! Ich wollte schon lange ein Tesla fahren, außerdem gibt es da diese Villa in der Toskana, die bräuchte ich für meine große Familie als Feriendomizil."

Doch Salomo dankte Gott erst einmal für alles, was er schon bekommen hatte! Auch dafür, dass Gott seinen Vater David so gesegnet hatte. Erst dann folgte seine wunderschöne Bitte: **„Gib mir ein Herz, das auf dich hört!"** (1. Könige 3,9). Er wollte einfach „nur" Weisheit von Gott. Wie weise von ihm! Denn Weisheit kannst du nicht kaufen.

Gott war von diesem Wunsch so berührt, dass seine Antwort lautete: **„Du sollst bekommen, was du dir wünschst! [...] Aber ich will dir auch das geben, worum du mich nicht gebeten hast: Reichtum und Macht. Solange du lebst, soll kein König so groß sein wie du!"** (1. Könige 3,12–13). Jackpot! Für mich ist diese Geschichte der Beweis dafür, dass folgender Vers aus dem neuen Testament wirklich stimmt: **„Setzt euch zuerst für Gottes Reich ein und dafür, dass sein Wille geschieht. Dann wird er euch mit allem anderen versorgen"** (Matthäus 6,33).

Salomo wollte weise werden, um gerechte Urteile fällen zu können. Was für ein selbstloses Herz spricht aus diesem Wunsch!

Als ich meine übertreuerten Handtaschen wollte, war das nur eine vorschnelle Reaktion, aus Angst, morgen könnte sein Angebot nicht mehr stehen. Und aus dieser „Dummheit" heraus entschied ich mich für etwas, das keinen langfristigen Wert behielt. Viel wertvoller wäre es gewesen, wir hätten zusammen Gott gefragt, was sein Wille für ein gemeinsames Leben ist, um dann das Geld in etwas zu investieren, das mit unserer Berufung zu tun haben könnte. Heute liegen diese Sachen in meinem Schrank und ich benutze sie nicht einmal mehr, weil ich mich einfach nicht damit identifizieren kann.

Wenn Gott in diesem Moment an deiner Tür stehen und sagen würde: „Hallo! Ich wollte dich einfach beschenken! Was wünschst du dir?" Wären deine Gedanken dann sofort bei „Was brauche ICH?" oder würdest du dir überlegen, welcher Wunsch deine ganze Familie, Verwandtschaft, Stadt, dein Land oder gar die Welt verändern könnte? Würdest du dir etwas wünschen, das in zwei Jahren keinen Wert mehr hat, oder etwas, das du für immer behalten kannst wie Weisheit? Denn vergiss nicht: Mit allem anderen wird er dich ohnehin versorgen!

1. Sei ehrlich zu dir selbst: Wenn du die Wahl hättest zwischen dem größten Reichtum hier auf Erden und deiner Beziehung zu Gott, was würdest du wählen?

2. Ich hoffe, du hast „Gott" geantwortet, denn mit dieser Andacht möchte ich dir sagen, dass Gott dir sowieso all das schenken möchte, wonach du dich sehnst, wenn du ihn ZUERST liebst! Kannst du das glauben?

RÜCKBLICK:

3. Wo hast du diese Woche „Ruhe mit Gott" erleben können? Was sind deine Gedanken dazu?

GEBET:

Jesus, dieses Thema fällt mir so schwer, weil ich täglich im Fernsehen, auf Youtube oder den sozialen Medien mit Werbung überschüttet werde und immer wieder denke: „Das hätte ich auch gerne." Und irgendwie habe ich das Bild vor Augen, dass man als Christ gar nicht so viel haben DARF. Dabei sagst du, dass du mir gern gibst, wenn ich dich an erste Stelle setze. Ich möchte wirklich glauben, dass du mir gern gibst. Hilf mir bitte, urteilsfähig zu werden, sodass ich erkenne, was wirklich sinnvoll und was absolut unnötig ist. Ich gebe dir *mein Ja* zu der Urteilsfähigkeit, die nur von dir kommen kann, denn ich weiß, dass du mich gern beschenkst und glücklich siehst. Danke dafür! Amen.

MEIN JA ZUM HUNGER

„Nach mir sollst du verlangen, und ich werde dich sättigen."
PSALM 81,11

> Quote der Woche:
> „Ein gesundes Leben bedeutet, ich übernehme die Verantwortung für das Wohlergehen meines Körpers UND meines Geistes!"

Wir leben in einer komplett essgestörten Welt! Du weißt wahrscheinlich, dass ich weiß, wovon ich spreche... Viele Jahre der Magersucht, gefolgt von Jahren mit Bulimie und dem absoluten Verlust eines normalen Hungergefühls habe ich durchlebt. Als Magersüchtige hatte ich mir verboten, meinem Hungergefühl nachzugeben, bis das Gefühl wie „ausgelöscht" worden war. Irgendwann verband ich mein Magenknurren gar nicht mehr damit, dass ich meinem Körper etwas zu essen geben sollte. In der Bulimie-Phase war es gerade umgekehrt: Kein Essen der Welt konnte meinen Hunger, meine Gier, mehr stillen. Nun redete ich mir ein, IMMER etwas zu essen zu brauchen und sonst nicht mehr glücklich werden zu können – denn dieses Loch in mir war riesengroß.

Essstörungen beherrschen in irgendeiner Form die meisten Menschen. Wir essen nur selten, weil wir wirklich Hunger haben. Wir essen nur selten, um als Familie Zeit zusammen zu verbringen. Denn es ist alles höchst kompliziert geworden mit den unterschiedlichen Essgewohnheiten: „Ich ernähre mich vegan", „Ich vegetarisch", „Nach 18 Uhr nehme ich nur noch Flüssiges zu mir", „Ah, Laktose vertrage ich nicht", „Fleisch esse ich, nur keine jungen Tiere" und ähnliche Sätze gehören mittlerweile beinahe zur guten Tischkultur.

Das ist alles berechtigt – aber auch echt kompliziert. Besonders, wenn ich dieses Verhalten auf das Glaubensleben übertrage, in dem ich ähnliche Züge vorfinde. Sonntags in die Kirche gehen, das ist cool. Das macht man halt so. Am Montag bin ich noch so „satt" davon, dass ich mal einen Tag Bibellesen überspringen kann, sonst wird es echt zu viel. Dienstag kann ich mir dann mal kurz einen Vers reinziehen, weil ich aus Zeitgründen auf mehr verzichten muss: „Also heute nur bisschen Salat, ich brauche nichts Warmes." Mittwochs faste ich eh immer, da kann ich nur Flüssiges zu mir nehmen oder, auf das Glaubensleben übertragen, da ziehe ich mir einen schönen Lobpreissong rein, das sollte reichen. Am Donnerstag nehme ich mir dann bewusst viel Zeit zum Kochen und achtsamen Essen – ich hänge Meditieren an. Da gehe ich dann mal in mich, weil ich erst einmal SELBST schauen muss, wie es in mir aussieht, um dann SELBST aufzuräumen. Ich übertreibe hier natürlich leicht, aber verhalten wir uns manchmal nicht wirklich so, also würden wir Gott damit sagen wollen: „Sorry, Gott, aber das übernehme ich für dich; dann kann ich dir ja erklären, was du wo in mir vorfindest – um es dann bitte gleich alles heil machen zu können."

Ich muss schmunzeln bei der Vorstellung und bekennen: **"Herr, du durchschaust mich, du kennst mich durch und durch"** (Psalm 139,1). So viel dazu. Freitags merke ich dann, dass ich völlig ausgelaugt bin. Leer. Irgendetwas fehlt mir. Eigentlich alles. Also „stopfe" ich mich voll. Ich schlage panisch die Bibel auf und suche nach möglichst vielen Versen, die mir GERADE JETZT guttun. Ich scrolle durch sämtliche Predigten auf Youtube und frage mich: Welcher Titel spricht mich an und passt in meine Situation?

Dabei bete ich innerlich den ganzen Tag: „Gott, du hast doch versprochen mir nahe zu sein, wenn ich mich dir näher. Wo bist du?" (vgl. Jakobus 4,8).

Doch den Vers, der direkt danach folgt, überliest man gerne: **"Wascht die Schuld von euren Händen, ihr Sünder, und gebt euch Gott von ganzem Herzen hin, ihr Unentschiedenen!"** Ups. Vor lauter verzweifelten Versuchen, unsere Essstörung – also „Glaubensstörung" – in den Griff zu bekommen, merken wir gar nicht mehr, dass wir so viele andere geistliche Ernährungsprogramme in unser Leben gelassen haben, dass wir unseren echten Hunger nach Gott verloren haben. Den gesunden Hunger, der sich mehrmals täglich meldet und gestillt werden möchte: **„In das Herz des Menschen hat er den Wunsch gelegt, nach dem zu fragen, was ewig ist"** (Prediger 3,11).

Vor lauter „Überangeboten" und anderen Optionen, diesen Hunger zu stillen, haben wir nicht bemerkt, dass wir eine Glaubensstörung entwickelt haben. Dieses Hungergefühl nach „mehr von Gott" ist einfach, wie bei der Magersucht, zerstört worden. Wir haben es zu lange unterdrückt und dann ersetzt durch die Überzeugung: „Ich schaff das schon allein und weiß selbst am besten, was mir gerade guttut."

Wenn du dich hier ertappt fühlen solltest, möchte ich dir die beste Therapie der Welt vorschlagen: Geh damit direkt zu dem, der dein Hungergefühl erschaffen hat, und bitte ihn, dich heil zu machen. Du kannst dein Gebet mit folgenden wundervollen Psalmenworten beginnen: **„Du großer, barmherziger Gott, sei mir gnädig, hab Erbarmen mit mir! Lösche meine Vergehen aus"** (Psalm 51,3).

„Du, Herr, bist alles, was ich habe; du gibst mir alles, was ich brauche" (Psalm 16,5).

„Du zeigst mir den Weg, der zum Leben führt. Du beschenkst mich mit Freude, denn du bist bei mir. Ich kann mein Glück nicht fassen, <u>nie hört es auf</u>" (Psalm 16,11; Hervorh. d. Verf.).

Komme deinem wahren Hungergefühl nach Gott wieder auf die Spur und lerne, dich geistlich ausgewogen zu ernähren. Es lohnt sich!

1. Hast du dich in meinen Beispielen wiedergefunden? Was sind deine ersten Gedanken gewesen?

2. Was sind deine kleinen „Glaubensstörungen", die sich im Laufe der Jahre eingeschlichen haben?

RÜCKBLICK:

3. Konntest du dein Vertrauen „wachrütteln"? Das Vertrauen darauf, dass du in Gott alles findest, was du je brauchen wirst?

GEBET:

Jesus, Hilfe! Ich lese das und erkenne: „Ich habe auch eine Glaubensstörung!" Es tut mir furchtbar leid, denn das war mir überhaupt nicht bewusst. Wie bei einer Essstörung redet man alles klein, doch das, was ich angefangen habe, in meinem Glauben zu leben, ist nicht gesund für mich. Dich durch andere Dinge zu ersetzen, das geht nicht! Ich bitte dich von Herzen, mir zu vergeben und mich zu heilen. Ich möchte wieder ein gesundes und natürliches Hungergefühl nach dir haben, und das regelmäßig mehrmals täglich! Ja, ich will wieder regelmäßig Hunger nach mehr von dir haben! Hier bekommst du *mein Ja* dazu, meinen Hunger wiederherzustellen, und ich wiederum möchte meinem Körper und Geist die richtige geistliche und körperliche Nahrung zuführen. Bitte mach mich heil! In Jesu Namen, amen.

42.

MEIN JA
ZU MEINEM SCHEINWERFER

„Johannes selbst war nicht das Licht. Er sollte die Menschen nur auf das kommende Licht vorbereiten."
JOHANNES 1,8.

> Quote der Woche:
> „Gib der Angst nicht die Macht, dir deine Bestimmung zu nehmen."

Selbst nachdem ich schon in Afrika, den USA und Europa auf den spannendsten Bühnen gestanden war, hatte ich immer noch diesen Gedanken: „Soooo gut bist du ja doch nicht." Und gerade, wenn ich eingeladen wurde, um auf großen Konferenzen zu singen beziehungsweise zu sprechen, wurde mir immer ganz flau im Magen, wenn ich las, wer noch alles auf der Bühne stehen würde.

Ich erinnere mich besonders an eine Konferenz, auf der ich nur sprechen sollte. In mir schrie alles: „Es wäre so wertvoll, danach noch diesen Song von mir zu singen – er passt inhaltlich perfekt!" Doch ich war zu unsicher und wollte mich nicht aufdrängen, deshalb schlug ich es den Veranstaltern nicht vor.

Weißt du, es ist ein Unterschied, ob du einfach nur das Ziel „Bühne" hast oder ob du aus einer Beziehung zu Jesus heraus lebst und WEIßT, dass du etwas hast, das Menschen helfen würde.

Johannes der Täufer sah sich als „Bote". Ein Bote ist jemand, der im Auftrag von jemand anderem eine Nachricht überbringt. Johannes wusste, dass es nicht um ihn ging, und er betonte es immer wieder. Doch er wusste auch, dass er Hoffnung schenken konnte durch seine Gabe und dass er dadurch als „Scheinwerfer für Jesus" dienen würde: **„Wer Gott dient, dessen Worte sind eine Quelle des Lebens"** (Sprüche 10,11). Und DAS ist auch dein Auftrag. Mit deiner Begabung.

Zum Glück gibt es verschiedenste Gaben. Vielleicht liebst du Jesus von ganzem Herzen und dachtest immer: „Ich will auch singen und auf Bühnen stehen." Doch die Türen hierfür sind nie aufgegangen, und wenn du gesungen hast, ist nie etwas „Besonderes" passiert. Dann kann es sein, dass Gott einen ganz anderen Weg für dich hat! Ich wollte anfangs zum Beispiel gar nicht auf der Bühne stehen. Ich hatte sogar eher Angst davor. Doch jedes Mal, wenn ich es wagte, bekam ich so eine starke Resonanz, dass ich irgendwann nicht anders konnte, als zu glauben, dass Gott damit etwas vorhatte.

Also tat ich es trotz und mit meiner Angst. **„Jeder soll den anderen mit der Gabe dienen, die er von Gott bekommen hat. Wenn ihr das tut, erweist ihr euch als gute Verwalter der Gnade, die Gott uns in so vielfältiger Weise schenkt"** (1. Petrus 4,10; NGÜ).

Zurück zu meiner Erfahrung auf der Konferenz. Tausende hörten mir zu und danach spielte eine sehr gute Band einen sehr schönen Song, doch es hatte lange nicht die Wirkung, die es mit meinem eigenen Song hätte haben können, der inhaltlich einfach perfekt gepasst hätte. Es geht auf keinen Fall darum, dass es MEIN Song gewesen wäre oder dass der Song objektiv betrachtet „besser" wäre, aber er hätte in diesem Moment einfach besser gepasst. Gott hatte eine Gabe in mich gelegt, und ich war kein guter Verwalter – weil ich Angst hatte, mich für mich selbst auszusprechen.

Lass dich nicht einschüchtern, wenn andere lauthals über ihre Talente sprechen. Sie können von mir aus schreien! Wenn Gott dir eine Gabe geschenkt hat, wird es manchmal so sein, dass keiner sie entdeckt, außer du sprichst selbst laut aus, was du kannst! Wenn du das dann mit der Herzenshaltung eines Johannes tust, der seine Gabe nutzte, um auf den hinzuweisen, der das wahre Licht war und ist, wirst du sehen, wie Gott dir die Türen öffnen und dich bestätigen wird. Lass dich nicht einschüchtern! *Gib der Angst nicht die Macht, dir deine Bestimmung zu nehmen. Sei ein guter Verwalter deiner Gabe!*

1. Wo hat die Angst noch Macht über dich und dein Talent?

2. Wo bist du noch kein guter Verwalter deiner Gabe und könntest ein viel besserer „Scheinwerfer" für Jesus sein?

RÜCKBLICK:

3. Welche „Glaubensstörung" konntest du bei dir entdecken und wie konntest du sie bekämpfen?

GEBET:

Jesus, ich wäre so gern der hellste Scheinwerfer für dich! Und ich weiß, dass du dazu alles in mich hineingelegt hast. Doch diese Angst – so oft steht sie mir im Weg. Ich will mich doch nicht aufdrängen, aber wenn du das möchtest, bitte ich dich, mir im richtigen Moment die nötige Kraft und Weisheit zu schenken, um auch einmal selbst aufzustehen, wenn ich das Gefühl habe, dass du mich dazu ermutigst. Ich gebe dir *mein Ja* dazu, meinen Scheinwerfer anzuknipsen und zu gebrauchen. Und auch dazu, mutiger zu werden! Auf eine „erleuchtete" Woche! Amen!

43.

MEIN JA
ZUR STANDHAFTIGKEIT

„Aber wer bis zum Ende standhält, der wird gerettet."
MATTHÄUS 24,13

> Quote der Woche:
> „Standhaftigkeit beginnt mit Entschlossenheit –
> also (d)einer Entscheidung, etwas wirklich
> zu wollen!"

Gott kennt das Ende unserer Geschichte schon von Anfang an! Und er weiß, dass alles gut wird, weil er selbst den Film deines Lebens dreht. Du hast vielleicht erst die „Vorschau" erlebt, doch er hat die letzte Szene schon klar vor Augen, so wie ein Regisseur keinen neuen Film beginnt, ohne zu wissen, wie er ausgehen wird: **„Noch bevor etwas seinen Anfang nimmt, weiß ich, wie es ausgeht; ich allein kündige an, was in der fernen Zukunft geschieht. Meine Pläne verwirkliche ich, und was mir gefällt, das führe ich aus"** (Jesaja 46,10).

Aktuell befindest du dich vielleicht in einer dieser dramatischen Szenen, die einen Film erst spannend machen und die deshalb dazugehören. Aber wenn es das eigene Leben betrifft, dann würde man diese Szenen doch lieber auslassen. *Dennoch, du kannst dem Regisseur deines Lebens zu 100 % vertrauen:* **„Denn er wird mich am Tag des Unglücks in seinem Zelt bergen, mir dort in der Verborgenheit seinen Schutz gewähren und mich auf einem hohen Felsen in Sicherheit bringen"** (Psalm 27,5; NGÜ). Klingt doch absolut filmreif, nicht wahr? So wie in jeden guten Film etwas Drama gehört, so kannst du davon ausgehen, dass du auf dem Weg zu deinem Traum auch ein paar „Albtraum-Szenen" durchleben wirst.

Das klingt erst einmal nach einer „Hiobsbotschaft", ich weiß. Aber denk doch einmal an Hiob oder Josef oder an Jesus selbst. Auch sie haben viel „Drama" erlebt. Ich möchte hier keinesfalls sagen, dass Gott dieses Drama bewusst einbaut, damit unser Leben spannend bleibt – vielmehr sind unsere Albtraumszenen der geistlichen Realität geschuldet, dass wir einen Feind haben, der alles daransetzt, dass es zu keinem Happy End kommt. *Aber Gott sei Dank, hat Gott das letzte Wort, wenn wir zu ihm gehören.*

Gott träumte von einer weltweiten Gemeinde der Gläubigen, deshalb schickte er seinen Sohn Jesus, um diese auf Erden zu gründen – und der Teufel tat alles, um das zu verhindern. Ja, Jesus endete am Kreuz, bevor er das größte Happy End der Weltgeschichte erlebte! Es war ein Albtraum, den er in seinen letzten Stunden durchlitt und der ihn schreien ließ: **„Mein Gott, mein Gott, warum hast du mich verlassen?"** (Matthäus 27,46).

Aber am dritten Tag ist Jesus wiederauferstanden und hat dadurch DEINEM Albtraum ein zeitliches Limit gesetzt. Höchstpersönlich hat er dir bewiesen, dass es möglich ist, den Albtraum in Gottes

Kraft zu überstehen und danach den Traum zu leben, den Gott dir in dein Herz gelegt hat!

„Aber wer bis zum Ende standhält..." Was bedeutet standhalten eigentlich genau? Laut Duden: „in gefährdeter Lage nicht nachgebend".

In Filmen bekommen die Helden Superkräfte, um in solchen Szenen stark zu bleiben. Und du hast diesen Zugang zu „Superkräften" auch! Jesus sagte zu seinen Jüngern: **„Ich habe von Gott alle Macht im Himmel und auf der Erde erhalten. [...] Ihr dürft sicher sein: Ich bin immer bei euch, bis das Ende dieser Welt gekommen ist"** (Matthäus 28,18–20).

Jesus will sehen, wie du an seinen Superkräften anzapfst! Er will sehen, wie seine „Action-Figur" siegreich ans Ziel kommt, auch wenn alles aussichtslos erscheint.

Josef saß im Gefängnis, weil er von seinen Brüdern verkauft worden war, und blieb trotzdem standhaft. So durfte er seinen Traum leben und im Hause des Pharaos herrschen. Ja, später sogar ein Land vor der Hungersnot retten!

Hiob verlor seine Familie und all seinen Reichtum. Jeder hatte sich von ihm abgewendet, doch auch er blieb standhaft. So durfte auch er seinen Traum leben und doppelt so viel zurückbekommen.

Jesus hat ebenso alle seine Sicherheiten und vor allem die größte Herrlichkeit, den Himmel, verlassen und wurde schließlich sogar unter schrecklichen Qualen ans Kreuz genagelt. Doch er blieb standhaft! Am dritten Tag stand er wieder auf und durfte nicht nur zurück in den Himmel – *durch seine Standhaftigkeit hat Jesus die gesamte Welt gerettet!* Dagegen verblasst jeder Superheld!

1. In welcher Szene deines Lebensfilmes befindest du dich gerade? Was bedeutet das für dich?

2. Bist du bereit, standhaft zu bleiben, auch wenn es dich einen hohen Preis kostet?

RÜCKBLICK:

3. Hast du erkennen können, wo die Angst dich noch gefangen hält?

GEBET:

Mein lieber Jesus, mir ist manchmal gar nicht bewusst, wie viele Menschen schon vor mir schlimme Dramen erlebten und standhaft bleiben mussten. Selbst du! Und damit hast du mir das Leben gerettet! Deswegen glaube ich, dass ich mit meinem Leben, wenn ich nur standhaft bleibe, ebenfalls Großes bewirken kann. Ich gebe dir *mein Ja* dazu, standhaft bleiben zu wollen! Ich möchte nicht nachgeben, wenn ich mich in brenzligen Szenen meines Lebensfilmes befinde, weil ich weiß, dass du schon mein Happy End vor Augen hast. Gott sei Dank bist DU der Regisseur meines Lebens! Bitte schenke mir diese Standhaftigkeit verbunden mit einer Leichtigkeit. Danke, dass ich so viel von dir lernen darf! Amen!

MEIN JA
ZUM ALBTRAUM

„Du brauchst dich nicht zu fürchten vor dem Schrecken
der Nacht [...]."
So sagt nun der Herr: „[...] Wenn er zu mir ruft,
werde ich ihm antworten. In Zeiten der Not
stehe ich ihm bei, ja, ich reiße ihn heraus
und bringe ihn zu Ehren."
PSALM 91,5+15 (NGÜ)

> Quote der Woche:
> „Alles, was du willst, befindet sich hinter der Ziellinie
> des Durchhaltens!"

Wir sprechen immer wieder darüber, wie wichtig es ist, Träume zu haben. Letzte Woche haben wir gelernt, dass es dafür notwendig ist, standhaft zu bleiben. Ich möchte diese wertvolle Zeit, in der du dich mit diesem Thema beschäftigst, nutzen, um noch ein wenig tiefer zu gehen. Denn um wirklich durchhalten zu können, musst du wissen, dass es einen Grund für die Albträume auf dem Weg zu deinem Traum gibt! *Ein Traum zeigt dir, wo du hingehen wirst.*

Der Albtraum ist der Weg dorthin! Ich will dir damit keine Angst machen – ganz im Gegenteil! Ich möchte dir die Angst nehmen: Du musst wissen, dass der Albtraum, den du vielleicht gerade erlebst, sogar eine wertvolle Aufgabe sein kann:

1. **Während des Albtraums findest du heraus, wer du wirklich bist!**
   Alles, was dich an deine Grenzen bringt, wird dir klarmachen, wie viel tatsächlich in dir steckt!

2. **Du findest heraus, wer tatsächlich deine Sicherheit ist – Gott oder Menschen!**
   Ja, du wirst erleben, wie Menschen dich verlassen und dir den Rücken zukehren! Das ist der Moment, in dem dir bewusst wird, wie nah dir Jesus (in Form des Heiligen Geistes) IMMER ist.

3. **Du lernst nicht nur dich selbst besser kennen, sondern auch Gott!**
   Du wirst in den dunklen Tälern mehr über Gott erfahren als im Sonnenschein.
   Je verzweifelter, schwächer oder zerbrochener du bist, desto mehr wirst du die Größe, Macht und heilende Kraft Gottes wahrnehmen und zu schätzen wissen!

4. **Wenn du das überstanden hast, wirst du erlebt haben, dass es MÖGLICH IST, dem Teufel den Mund zu verbieten!**

Du wirst eine Lektion gelernt haben, die dir keiner mehr nehmen kann. Denn DU PERSÖNLICH wirst immer daran zurückdenken können und in Zukunft nur müde lächeln, wenn der Teufel dich mit der gleichen Masche noch mal erwischen will.

Deswegen: „Bleib stark!", auch wenn es hart wird! Ich kann dir sagen: *Alles, was du willst, befindet sich hinter der Ziellinie des Durchhaltens.* Du wirst auf dem Weg nicht alles verstehen, aber mit einer essenziell wichtigen Entscheidung wirst du dein Ziel erreichen: ENTSCHEIDE DICH IMMER UND TROTZ ALLEM ZU GLAUBEN: **„Was ist denn Glaube? Er ist ein Rechnen mit der Erfüllung dessen, worauf man hofft"** (Hebräer 11,1; NGÜ).

1. Ist dir bewusst, dass deine Entscheidung, immer und trotz allem zu glauben, deine größte Sicherheit im Leben werden kann? Oder ist sie das schon?

2. Verstehst du, dass Albträume einfach dazugehören und nicht nur schmerzhaft sind, sondern immer auch wichtige Lektionen für uns bereithalten? Welche lernst du durch deine Albträume gerade?

RÜCKBLICK:

3. Hast du herausfinden können, in welcher Szene deines Lebensfilms du dich gerade befindest? Hilft es dir zu wissen, dass Gott die Regie führt? Kannst du ihm vertrauen?

GEBET:

Ja, ja, ja und noch mal ja! Jesus, ich will dir trotz allem und immer wieder glauben und vertrauen! Auch wenn ich gerade durch meinen persönlichen Albtraum gehe, hilf mir, mit offenen Augen durch ihn hindurchzugehen. Ich will darauf vertrauen, dass er ein Teil des Weges zu meinem Traum ist, auch wenn ich mir diesen Teil gern erspart hätte. Sogar zu meinem Albtraum gebe ich dir *mein Ja*, wenn du dabei bist. Zeige mir, was du mir durch diese Zeit beibringen möchtest. Sei mir so nah wie noch nie! Ich will so gern mehr über dich erfahren in dieser schweren Zeit – und auch mehr über mich selbst! Ich muss mit meinem Herzen verstehen, dass du meine einzige Sicherheit bist. Bitte hilf mir, das zu begreifen! Und ja, ich rufe zu dir, denn ich brauche dich! Allein schaffe ich das nicht. Doch du bist treu und voller Liebe und darauf berufe ich mich. In deinem Namen bete ich. Amen.

MEIN JA ZUM SIEG

„Da sah ich den Herrn auf einem hohen, gewaltigen Thron sitzen. Der Saum seines Gewandes füllte den ganzen Tempel aus."
JESAJA 6,1

Quote der Woche:
„An Gottes Mantel hängt jeder Sieg, den du für dein Leben brauchen wirst!"

Zu biblischen Zeiten war es Sitte, dass Könige ein Stück vom Gewand des besiegten Königs abschnitten. Dieses Stück wurde dann an das Gewand des Siegers genäht – als Zeichen dafür, dass er gewonnen und somit die Autorität über ihn hatte. Je länger das Gewand eines Königs war, je mehr „Siege" also an diesem Gewand vermerkt waren, desto offensichtlicher war für die anderen: „Mit dem legst du dich besser nicht an!"

In dem Vers aus Jesaja heißt es: **„Der Saum seines Gewandes füllte den ganzen Tempel aus."** Allein der Saum (!) von Gottes Gewand ist so groß, dass er den ganzen Tempel ausfüllt!

Kannst du dir vorstellen, wie viele Siege daran hängen? *Jeder einzelne Sieg, den du in deinem Leben brauchst, hängt bereits an Gottes Gewand!* Und ganz egal, welchen Raum du betrittst, ob es deine Wohnung ist, dein Arbeitsplatz oder sogar den Ort deiner schweren Vergangenheit: Der Saum von Gottes Gewand füllt diesen Ort aus!

Jesus hat den Sieg für dich errungen. Er allein hat die Autorität. Für jedes „Aber" in deinem Leben hat er ein Stück Stoff an seinem Gewand hängen, das er am Kreuz erkämpft hat! Schande? Besiegt! Traurigkeit? Besiegt! Versagensängste? Besiegt! Essstörungen? Besiegt! Negative Gedanken? Besiegt! Zukunftsängste? Besiegt! Besiegt! Besiegt!!!

Der König selbst hat für dich gekämpft! Und ich frage dich heute: Reicht dir das? Oder versuchst du immer noch, selbst noch etwas nachzuhelfen?

Etwas weiter in Jesaja heißt es: **„Vertraut jetzt mir, dem Herrn! Wenn ihr nicht fest im Glauben steht, dann könnt ihr überhaupt nicht bestehen"** (Jesaja 7,9). Du wirst in diesem kompletten Buch immer wieder den gleichen Ansatz finden, denn er ist der Schlüssel zu JEDER Geschichte der Bibel: *VERTRAUE ihm! Glaube nur!*

Ich weiß. Es liest sich leicht und lebt sich schwer. Aber es ist und bleibt der Weg zu einem befreiten Leben! Und mitten in deinem Kampf kannst du deinen Siegesruf ausbrüllen, der so schön in dem Song „Surrounded" von M.W. Smith beschrieben wird. Auf Deutsch heißt er frei übersetzt: „Es mag aussehen, als ob ich umzingelt sei. Doch ich bin umgeben von DIR!" Stell dir immer wieder vor, wie der Saum von Gottes Gewand mit all den Siegen, die du brauchst und je brauchen wirst, jeden Ort, den du betrittst und noch betreten wirst, schon lange erreicht hat und dir den Sieg damit schon im Vorhinein geschenkt hat.

1. Wo kämpfst du immer noch selbst einen Kampf, von dem Jesus dir sagt: „Den habe ich doch schon für dich gewonnen"?

2. Sprich mit ihm darüber und nimm seinen Sieg bewusst – durch ein Gebet – an. Wiederhole dieses Gebet die ganze Woche über. Dein Kopf muss verstehen, was Jesus schon getan hat!

RÜCKBLICK:

3. Konntest du dich auf deinen Albtraum auf dem Weg zum Traum einlassen und auch schon die verborgenen Lektionen dahinter entdecken?

GEBET:

Jesus, dein Wort ist so voll mit Hilfestellungen für mein Leben, dass es einfach unglaublich ist! Ich schäme mich fast, dass ich so vieles noch nicht begriffen habe. Doch heute gebe ich dir *mein Ja* zu deinem Sieg! Denn das ist alles, was ich brauche. Hilf mir zu verstehen, dass ich viele Kämpfe sinnlos kämpfe, weil du das schon für mich erledigt hast. Und bevor wieder Zweifel aufkommen, möchte ich dich konkret für meine Kämpfe bitten, dass ich diese Woche deinen Sieg darüber spürbar und sichtbar erleben werde. Du bist der Sieger! Deswegen preise ich deinen Namen. Amen!

46.

MEIN JA
ZU MEINER EINZIGARTIGKEIT

„Gott ist unsere Zuflucht und Schutz!"
PSALM 46,2

> Quote der Woche:
> „Statt dich dein Leben lang zu vergleichen,
> solltest du deine Einzigartigkeit
> jeden Tag feiern!"

Hättest du gedacht, dass wir von Zebras lernen können? Zebras sind Herdentiere, die wissen, wie gefährlich es für sie wird, wenn sie allein unterwegs sind. Sie sind bei Raubtieren, besonders, wenn sie noch jung sind, ein sehr beliebtes Futter. Du wirst sie deshalb niemals ohne Begleitung antreffen. Und jedes Zebra ist in seiner Musterung so einzigartig erschaffen, dass selbst Forscher sich die Entwicklung der Streifen nicht erklären können. Das ist gar nicht so leicht für uns Menschen, die alles erklärt haben wollen und sich gern mit anderen vergleichen...

Direkt nach der Geburt geht das bei uns schon los: „Oh, mein Kind wiegt aber etwas weniger als der Durchschnitt der Babys!"

Wir werden schon miteinander verglichen, bevor wir die Chance haben, uns zu wehren. *Dabei wollte Gott uns so einzigartig, dass selbst Forscher auf der Suche nach einer Erklärung für diese individuellen Kunstwerke scheitern.* Und so zieht sich das Vergleichen durch unser ganzes Leben, obwohl wir stattdessen lieber unsere Einzigartigkeit feiern sollten.

Viele Menschen haben ihr Leben lang damit zu kämpfen. Doch wie gesagt, wir können von den Zebras lernen! Denn wenn sie geboren werden, werden sie erst einmal komplett von der Herde gelöst und verbringen nur Zeit mit ihrer Mutter. In dieser Zeit lernt das Baby-Zebra seine Mama durch und durch kennen. *Es lernt, „seine Schöpferin" über den Geruch, den Anblick und die Stimme zu identifizieren.* Und obwohl das Baby schon 15 Minuten nach der Geburt (!) selbst stehen und sogar schon eine Stunde später laufen kann, wird es erst einmal bei seiner Mama bleiben und lernen, wo es wirklich hingehört. Ohne zu wissen, wer ihm Schutz gibt, wird kein Zebra in die weite Welt losziehen.

Bevor ein Zebra von der Gefahr hört, weiß es, wo seine Sicherheit ist. Bevor ein Zebra Angst bekommt, bekommt es Schutz. Bevor ein Zebra dem Bösen begegnet, lernt es Liebe kennen.

Erst dann und wirklich erst dann darf es losgehen und ohne seine Mutter unterwegs sein. Denn es weiß jetzt, was zu tun ist, wenn Gefahren lauern: sofort zurück zu Mama, wo es Schutz und Liebe gibt!

Diese Idee, die Gott mit den Zebras hatte, ist so gut, dass wir aus ihr ganz viel für unser eigenes Leben nehmen können. Denn auch wir sind immer wieder Gefahren ausgesetzt. Unerwartet werden wir angegriffen, durch Worte verletzt und liegen nun verwundet da. Was dann? Zu spät? Nein. Du musst lernen, immer wieder zu deinem Schöpfer zurückzukehren mit deinem Schmerz! Bleibe nicht in der „Wildnis", wo man dich weiter verletzen kann.

Du hast Angst davor, dass Gott dir keinen Neubeginn schenken möchte? Streiche diesen Gedanken und ersetze ihn mit diesem Vers: **„Die Güte des Herrn hat kein Ende, sein Erbarmen hört niemals auf, es ist jeden Morgen neu!"** (Klagelieder 3,22–23).

Lerne deinen Vater so gut kennen, wie es nur geht. Wenn Gott sich schon bei Zebras so viele Gedanken gemacht hat, wie viel mehr wird er sich bei dir Gedanken gemacht haben: **„Seht euch die Vögel an! [...] Euer Vater im Himmel versorgt sie. [...] Meint ihr nicht, dass ihr ihm viel wichtiger seid? [...] Seht euch an, wie die Lilien auf den Wiesen blühen! [...] Wenn Gott sogar die Blumen so schön wachsen lässt, die heute auf der Wiese stehen, morgen aber schon verbrannt werden, wird er sich nicht erst recht um euch kümmern?"** (Matthäus 6,26-30).

Sieh dir die Zebras an und wie Gott uns seine Liebe zur Einzigartigkeit durch sie zeigt. Wie viel mehr möchte er, dass du deine Einzigartigkeit umarmst und bei jedem Zweifel daran zu ihm zurückkehrst für einen Neubeginn?

1. Bist du allein losgezogen in deinem Leben, ohne zu wissen, wo du hingehörst und wer dir Schutz bietet? Brauchst du vielleicht so einen Neuanfang? Dann rede mit deinem Schöpfer. Bitte ihn, dir seine Gnade neu zu schenken! Er macht es liebend gern!

2. Denke um – umarme deine Einzigartigkeit – und laufe bei jedem Zweifel daran diese Woche bewusst zurück zu deinem Schöpfer. Schreibe diese Momente auf. Sie sollen dir helfen, das in Zukunft immer so zu machen, damit du dir deiner Einzigartigkeit immer bewusst wirst.

RÜCKBLICK:

3. Ist dir bewusst geworden, welchen Kampf du selbst zu kämpfen versucht hast, den Jesus schon für dich gewonnen hat?

GEBET:

Jesus, wieder einmal verblüffst du mich. Was für ein wunderschönes Bild schenkst du mir anhand der Zebras! Ich kann nur staunen und möchte daraus lernen. Dieses Thema mit dem Vergleichen ist für mich ein wirklich schwieriges Thema. Doch ich möchte mir das Bild von dem kleinen Zebra verinnerlichen, das immer wieder zurück zu seiner Mutter rennt. So gebe ich dir heute *mein Ja* zu meiner Einzigartigkeit! Und ich möchte dich um einen Neubeginn bitten. Denn ich habe so oft versagt und so oft versucht, allein loszulaufen. Wo mich das hingeführt hat, das wissen wir beide. Vergib mir meine Schuld! Bitte erlöse mich von dem Bösen und erfülle mich mit deiner Liebe – auch zu mir selbst. Danke für dich. Ich liebe dich! Amen.

MEIN JA ZUR HEILIGKEIT

„Ihr sollt heilig sein, denn ich bin heilig!"
1. PETRUS 1,16

> Quote der Woche:
> „Dein Wunsch nach Heiligkeit ist der größte Liebesbeweis."

Ich weiß, ich weiß! „Heilig sein", das erscheint absolut unerreichbar. Aber keine Angst: *Gott hat nichts in die Bibel schreiben lassen, was für dich nicht gelten würde oder unerreichbar sein könnte!* Lass uns doch erst einmal nachschauen, was „heilig" überhaupt bedeutet. Heilig [laut Wikipedia]: bezeichnet „etwas Besonderes, Verehrungswürdiges und stammt wortgeschichtlich von Heil ab, was sich abgeschwächt noch in heil (‚ganz') wiederfindet (vgl. englisch holy ‚heilig' – von whole)".

In Gottes Augen bist du so besonders, dass er seinen Sohn Jesus am Kreuz für dich sterben ließ. *Du stammst also auch von etwas Heiligem ab!* Wenn du dieses Geschenk angenommen hast, kannst du hinter Punkt 1 „Heilig bezeichnet etwas Besonderes!"

einen Haken machen. Punkt 2: „Heilig kommt ursprünglich von heil – und bedeutet auch GANZ." Dieses Wort lässt keinen Raum mehr für Kompromisse!

Doch was ist mit den Bereichen in deinem Leben, die im Verborgenen stattfinden? Das fängt bei deinen Gedanken an, bei denen du vielleicht schnell Kompromisse eingehst: „Ja, Jesus liebt mich, aber so richtig kann ich das nicht glauben ..." Aber ich spreche auch von den Momenten, in denen du gern kurz einmal nicht „heilig" wärst: **„Denn die menschliche Natur richtet sich mit ihrem Begehren gegen den Geist Gottes, und der Geist Gottes richtet sich mit seinem Begehren gegen die menschliche Natur. Die beiden liegen im Streit miteinander, und jede Seite will verhindern, dass ihr das tut, wozu die andere Seite euch drängt"** (Galater 5,17; NGÜ).

Dieser Kampf ist real. Dieser Kampf gegen die Sünde. Ja, diese Momente, in denen der innere Druck so stark wird, dass du ihn irgendwo rauslassen musst. Also nimmst du die Rasierklinge und schneidest dich. Es gäbe noch so viele andere Beispiele, wie sie in Galater 5,19–21 aufgeführt sind. Du kannst deine Schwächen nur angehen, wenn du sie beim Namen nennst und dich mit ihnen konfrontierst. Und DAS wird dir dazu dienen, heilig = ganz zu werden.

Du musst keine Angst davor haben zu versagen, denn wir dürfen unsere Hoffnung völlig auf die Gnade setzen (vgl. 1. Petrus 1,13), aber du musst dranbleiben! Der Wunsch Gottes, dass du heilig wirst, sollte dein größtes Anliegen werden und dir wichtiger sein als die Befriedigung deiner menschlichen „Lüste".

Wenn du diesen Wunsch gar nicht in dir trägst und dir gerade denkst: „Dann bin ich wohl nicht damit gemeint", muss ich dich warnen. Denn das ist ein Zeichen einer neutralen Beziehung zu Jesus. *Wenn du eine/-n beste/-n Freund/-in hast, wird dir, je länger du ihn oder sie kennst, immer mehr das wichtig, was ihm/ihr wichtig ist.* Und Gott ist nun einmal Heiligung wichtig: **„Darum sollt ihr ein durch und durch geheiligtes Leben führen"** (1. Petrus 1,15; NGÜ). Und wozu? Damit die Kommunikation zwischen euch ungehindert fließen kann. Er will dich führen, er will zu dir sprechen, er will dir Erfolg schenken, er will, dass du deine Träume lebst – und das geht viel besser, wenn da kein „Müll" auf dem Weg liegt und die Verbindung stabil ist. Sonst kann es heißen: „Schlechte Verbindung", und du bekommst nur die Hälfte von dem mit, was Gott dir eigentlich sagen/geben möchte.

1. Trägst du den Wunsch in dir, heilig zu sein? Wenn nicht, wie steht es um deine Beziehung zu Jesus? Ist diese eher neutral?

2. Wo verfällst du immer wieder in die Sünde? Und was hat das für Auswirkungen?

RÜCKBLICK:

3. Hast du deine Zweifel auf Papier bringen können? Konntest du damit immer wieder zurück zu deinem Schöpfer laufen?

GEBET:

Vater im Himmel, du bist heilig! Und dass es dein Wunsch ist, dass ich das ebenfalls bin, war mir nicht wirklich bewusst. Vielleicht habe ich es auch bewusst verdrängt, weil es so unerreichbar für mich scheint. So oft versage ich. So viele schlechte Gedanken sind noch in meinem Kopf. Ich weiß, du allein kannst in mir bewirken, dass sich das ändert. Bitte hilf mir! Ich möchte dir diesen Liebesbeweis wirklich geben und mich bemühen, alles Böse und Schlechte aus meinem Leben zu verbannen. *Mein Ja* zur Heiligkeit gebe ich dir, auch wenn das echt ein großes Wort ist! Aber mit deiner Hilfe allein ist es machbar. Ich brauche dich! Und danke, dass du mich als so wertvoll erachtest, mir überhaupt so einen Titel geben zu wollen. Ich staune! Danke! Amen.

MEIN JA
ZUR TREUE

„Ja, Gott ist treu; er wird euch ans Ziel bringen.
Denn er hat euch dazu berufen, jetzt und für immer mit seinem
Sohn Jesus Christus, unserem Herrn, verbunden zu sein."
1. KORINTHER 1,9 (NGÜ)

Quote der Woche:
„Weil er treu ist, wirst du
DAS GOTTGEWOLLTE ZIEL deines Lebens erreichen,
wenn du es auch bist."

Berufen heißt laut Duden, du bist „in dieses hohe Amt eingesetzt" worden, mit Jesus in Verbindung zu sein. WOW! DU bist gemeint! Wenn du also meinst, dass die Verbindung zu Gott gerade schwach ist, worüber wir letzte Woche gesprochen haben, dann kann das nur einen Grund haben: DU hast dich distanziert. Denn Gott distanziert sich niemals von dir: **„Ja, ich bin überzeugt, dass weder Tod noch Leben, weder Engel noch unsichtbare Mächte, weder Gegenwärtiges noch Zukünftiges, noch gottfeindliche Kräfte, weder Hohes noch Tiefes, noch sonst irgendetwas [hier** kannst du ALLES, EGAL WAS, eintragen!] in der ganzen Schöpfung uns je von der Liebe Gottes trennen kann, die uns geschenkt ist in Jesus Christus, unserem Herrn" (Römer 8,38–39; NGÜ).

Diesen Vers habe ich schon als Kind durch ein Lied auswendig gelernt und wir haben ihn damals so oft wiederholt, dass ich mich auch als erwachsene Frau immer noch und immer wieder daran erinnere. *Deswegen ist es so wichtig, dass wir uns bewusst mit den Wahrheiten Gottes füllen, selbst wenn wir uns gerade schwach fühlen.*

Ich merke, dass alles, was ich als Kind schon ausgesprochen oder gesungen habe, heute real geworden ist. Deswegen achte darauf, was du deinen Kindern beibringst, falls du welche hast. Und vor allem achte darauf, was du dir selbst einredest!

Wenn ich mein Tagebuch von damals, als ich gerade erst 12 Jahre alt war, heute lese, dann staune ich über dieses junge, doch schon so gottesfürchtige Mädchen. Ich hatte Gott schon als Teenie in meine verschiedenen Phasen des Verliebtseins miteinbezogen, in meine Diätpläne und in meine schulischen Leistungen. Auch habe ich versucht zu fasten. Nicht, weil andere es taten, sondern weil ER mir wichtig war! Ich war schon damals sehr zielorientiert und wollte Sängerin werden, aber nur Lieder singen, die Gott Ehre bringen! Und da bin ich auch keinen Kompromiss eingegangen. Auch nicht, als mich später eine Band dafür bezahlen wollte, Texte zu singen, die eher das Gegenteil von meinen Überzeugungen ausgesagt hätten.

Das alles ist Jahre her, doch heute erkenne ich, dass Gott das treue Herz der kleinen Déborah gesehen hat. Nicht nur das, er wusste ja schon damals, was er für mich geplant hatte: die große

Bühne, auf der ich später dann das würde singen können, was er mir aufs Herz gelegt hat.

Gott ist treu. Punkt. Sind wir das auch? Dieses „hohe Amt", in das er einen jeden von uns eingesetzt hat – eine Beziehung zu Jesus zu haben –, ist nicht selbstverständlich. Du hast eine Verbindung zu Gott, die persönlicher und einzigartiger werden kann als jede Beziehung, die du auf Erden je haben wirst. Ist das nicht ein unfassbarer Gedanke? Und wenn du diese Verbindung aufrechterhältst, entdeckst du am Ende Gottes Treue. Die Frage ist, ob du sie tatsächlich aufrechterhältst oder ob Zweifel, Müdigkeit, Desinteresse oder andere Dinge dich an Orte mit einem „schwachen Netz" bringen.

Ich habe es erlebt: *Weil Gott treu ist, wirst du DAS GOTTGEWOLLTE ZIEL deines Lebens erreichen, wenn du es auch bist!* „Ja, **Gott ist treu; er wird euch ans Ziel bringen.**"

1. Ist dir bisher bewusst gewesen, dass du dazu berufen bist, mit Jesus in enger Verbindung zu stehen?

2. Gott ist treu. Bist du es ihm auch? Wo gerätst du in Gefahr, ihm die Treue zu brechen?

RÜCKBLICK:

3. Wie erging es dir mit dem Gedanken, „heilig" zu leben?

GEBET:

Jesus, ich dachte, ich hätte vieles mittlerweile verstanden, doch dann entdecke ich in deinem Wort immer wieder Neues. Ich kämpfe immer noch gegen die Sünde an, die mich von dir distanziert, dabei hast du so viel mehr mit mir vor als das, was ich aktuell erlebe. All das willst du mir zeigen, wenn ich in enger Verbindung mit dir lebe, aber ich fühle mich, als würde ich dir und deinen Plänen für mich immer nur hinterherhinken. Wie kannst du nur so geduldig mit mir sein und mich so sehr lieben? Diese Liebe ist definitiv nicht von dieser Welt! Deswegen gebe ich dir *mein Ja* zu dieser Liebe, die ich nie werde fassen können! Ja zu der Verbindung zu dir, die mich an diese Liebe immer mehr heranführen kann. Und ja dazu, dir meine Treue ebenso zu schenken, wie du mir sie schenkst! Ich weiß, es ist noch ein weiter Weg, doch heute habe ich mir bewusst gemacht, wo ich immer wieder in die Falle tappe, dir die Treue zu brechen. Ich weiß, dass der Schlüssel dazu, dir treu zu bleiben, eine starke Verbindung zu dir ist. Und diese möchte ich ausbauen! Ich liebe dich. Amen.

49.

MEIN JA
ZUR FELSENFESTEN ÜBERZEUGUNG

„Herr, wenn du es wirklich bist [...]!"
MATTHÄUS 14,28

> Quote: „Zweifel nehmen dir die Schönheit des Lebens, die der Glaube dir schenken möchte!"

„Jesus, wenn das von dir kommt, dann zeige mir das bitte ganz deutlich", wie oft habe ich dieses Gebet schon als Kind gebetet. Und es ist nie ein Stern vom Himmel gefallen, um mir einen Beweis zu schenken. Dennoch hatte ich oft diese tiefe Überzeugung in mir, dass es richtig ist, was ich tue. Und ab da habe ich einen Fuß vor den anderen gesetzt – zaghaft, aber dennoch zielstrebig. Heute blicke ich zurück und muss grinsen. Denn rückwirkend ist es absolut klar, was Gott von mir wollte, und es war richtig, aktiv zu werden.

Petrus hatte im Vergleich zu uns einen großen Vorteil! Er konnte Jesus SEHEN und von Angesicht zu Angesicht Zeit mit ihm verbringen. Doch trotz aller Wunder, die er miterlebt hatte, waren seine Zweifel immer noch groß. Als die Jünger im Boot waren und Jesus ihnen über das Wasser entgegenlief, packte sie die Angst: **„Es ist ein Gespenst!"** (Matthäus 14,26), riefen sie. Petrus wollte einen Beweis: **„Herr, wenn du es wirklich bist, dann befiehl mir, auf dem Wasser zu dir zu kommen!"** (Matthäus 14,28).

Doch kaum stand er auf den Wellen, packte ihn die Angst – OBWOHL er Jesus sehen konnte! Und er begann unterzugehen. **„‚Herr, hilf mir!', schrie er. Sofort streckte Jesus ihm die Hand entgegen, hielt ihn fest und sagte: ‚Vertraust du mir so wenig, Petrus? Warum hast du gezweifelt?'"** (Matthäus 14,30–31).

Die Wellen, die Petrus verunsichert haben, begegnen dir auch immer wieder. *Es sind die Zweifel, ob Gott wirklich real ist, die dich immer wieder nach unten reißen werden, wenn du nicht felsenfest davon überzeugt bist, dass Jesus lebendig ist!* Du hast so viel mit Jesus erlebt, doch mitten im Sturm verlierst du den Glauben, weil du auf die Wellen, deine Zweifel, schaust und nicht auf Jesus. Denn die Wellen sind real. Und Jesus kommt dir vor wie ein Gespenst – nicht greifbar.

Doch wenn du durch deine Zweifel hindurch Schritt für Schritt weitergehst, wirst du wie die Jünger staunend bemerken: **„Du bist wirklich Gottes Sohn!"** (Matthäus 14,33). Und vielleicht denkst du jetzt: „Hätte ich bloß vorher schon geglaubt! Dann wäre ich für mein Instagram-Foto gleich über das Wasser getanzt!" *Denn der Glaube verschönert dein Leben. Davon bin ich überzeugt.* Weil ich es so erleben darf und dir das auch von Herzen wünsche.

Und selbst wenn dich eine Welle erwischt, darfst du darauf vertrauen: „**Sofort streckte Jesus ihm die Hand entgegen [und] hielt ihn fest!**" (Matthäus 14,31; Hervorh. d. Verf.).

1. Glaubst du schon oder zweifelst du noch? Wie würde das prozentual gesehen bei dir aussehen? Glaubst du überhaupt, dass du zu 100 % glauben könntest?

2. Du bist schon oft in deinem Leben Petrus gewesen. Erinnerst du dich an eine dieser Situationen? Was könnte dir das für deinen „zukünftigen" Glauben mitgeben?

RÜCKBLICK:

3. Hast du daran gedacht, wie treu Gott ist? Konntest du ihm diese Woche deine Treue ebenso beweisen?

GEBET:

Jesus, es stimmt. So oft bin ich schon wie Petrus in meinen Zweifeln untergegangen. Deine ausgestreckte Hand habe ich nicht einmal wahrgenommen – wahrscheinlich, weil meine Zweifel noch so groß sind. Doch ich gebe dir heute *mein Ja* zur felsenfesten Überzeugung! Ich möchte wirklich so glauben und leben – mit 100%iger Überzeugung und ohne Zweifel. Aber dazu brauche ich deine Hilfe! Bitte lehre mich, dir ganz zu vertrauen, auch wenn ich weiß, dass ich bis zu diesem Punkt noch eine harte Schule durchlaufen muss. Doch ich möchte es wirklich können. Weil ich dich liebe! Amen.

MEIN JA
ZUR ZUFRIEDENHEIT

„Denn ich habe gelernt, in jeder Lebenslage zufrieden zu sein."
PHILIPPER 4,11 (NGÜ)

> Quote der Woche:
> „Es gibt diese Zufriedenheit,
> die in jeder Lebenslage anhält!"

Wie war deine Woche? Also, ich muss sagen, dass ich eine sehr komische Woche hinter mir habe. Jede Nacht hatte ich Albträume und tagsüber war ich dann so fertig, dass ich echt kämpfen musste, um überhaupt irgendetwas zustande zu bringen. Außerdem stecken wir gerade noch mitten in der Corona-Krise, was bedeutet, dass wir immer noch sehr eingeschränkt leben müssen und zusätzlich die Grenzen in die umliegenden Länder gesperrt sind.

All das lastet schwer auf vielen Menschen und trübt die Stimmung. Wir sind aktuell eher weit entfernt von dem Zustand „zufrieden". Zufrieden – was bedeutet das eigentlich? Laut Duden: „sich mit dem Gegebenen, den gegebenen Umständen, Verhältnissen, in Einklang befindend und daher innerlich ausgeglichen und keine

Veränderung der Umstände wünschend". Wow. „Sich keine Veränderung der Umstände wünschend", das ist sehr klar. Vielleicht sollten wir unsere Gebete anpassen? Statt „Gott verändere meine Umstände" vielleicht ein: „Schenk mir aus deiner Fülle genau das, was ich gerade brauche." Doch dazu gleich mehr.

Als ich meiner Mutter diese Woche von meinem schlechten Schlaf erzählte und dass ich deshalb auch beim Schreiben nicht so gut vorangekommen bin, sagte sie: „Es ist doch immer etwas!" Und damit hat sie vollkommen recht. *Es wird immer etwas sein, das dich davon abhält, den nächsten Schritt in deinem Leben zu gehen.* Sei es der Schritt in Richtung Vergebung, der Schritt zur Verwirklichung deines Traumes; der Schritt, dir Hilfe zu holen, oder der Schritt, in eine Kirche oder ins Fitnessstudio zu gehen.

Was bedeutet, dass uns immer etwas fehlt – Zeit, Geld, die „passende emotionale Stimmung" –, oder wir schieben es darauf, dass wir allein sind und niemanden haben, der uns mitzieht. Wenn einer einen guten Grund gehabt hätte zu sagen: „Es ist doch immer etwas", dann war das Paulus! Er kannte es, schwach zu sein, allein (!) zu sein, geschlagen zu werden, im Gefängnis zu sitzen und einfach ständig in Gefahr zu sein. Er kannte schlaflose Nächte nur zu gut und dazu noch Hunger – also an diesem Punkt würde ich ja sehr ungemütlich werden – und Durst! Wir schimpfen schon, wenn wir das falsche Getränk bekommen und unser Essen nicht genau wie bestellt erhalten.

Zusätzlich wurde Paulus fälschlich beschuldigt, und er hatte nebenbei noch genauso mit Sünde zu kämpfen wie wir. Also mit so einem Leben hättest du allen Grund, zu nörgeln und zu klagen.

Aber nicht Paulus! Denn er wusste, dass er IN JEDER LEBENSLAGE nur zu dem schreien musste, der ihm Kraft in seiner Schwäche, Vergebung seiner Sünden, Heilung seiner Wunden und Kraft trotz Unterernährung geben WILL. Und so entdeckte Paulus in seinem Mangel eine übernatürliche Fülle, die er in einem Leben, in dem immer alles glattläuft, in dieser Form vielleicht niemals entdeckt hätte. Eine Fülle, die einem unabhängig von Lebenssituationen Freude und Zufriedenheit schenkt.

Es gibt diese Zufriedenheit, die in jeder Lebenslage anhält! Wenn du dich mehr und mehr mit Jesus verbindest (siehe vorletzter Impuls), wird all das, was ich beschrieben habe, in deinem Leben real! Dein Glaube wird reifer und das Resultat davon wird eine große Zufriedenheit IN JEDER LEBENSLAGE sein! Aber du brauchst Geduld für diesen Prozess. Diesen Zustand erreicht man nicht über Nacht.

Ersetze dein „Aber im Moment ..." in ein **„Nichts ist mir unmöglich, weil der, der bei mir ist, mich stark macht"** (Philipper 4,13; NGÜ). Alles, was du gerade brauchst, kannst du aus Gottes Fülle „abschöpfen", sodass es dich keinen weiteren „unzufriedenen" Tag kosten wird. Ganz im Gegenteil: Aus deiner Mangelerfahrung wird die Erkenntnis, dass du immer Zugang zur Fülle Gottes hast, die dich noch glücklicher und zufriedener macht als alles, was du auf der Erde finden kannst!

1. Analysiere dich selbst. Bist du eher der „zufriedene" oder „nörgelnde" Typ Mensch?

2. Bedienst du dich schon aus der Fülle, die Gott dir geben kann? Was bräuchtest du denn? Hast du ihn schon darum gebeten?

RÜCKBLICK:

3. Konntest du deinen Glauben stärken und die Zweifel schwächen?

GEBET:

Jesus, so oft bete ich: „Verändere meine Umstände!" Heute bete ich: „Schenke mir für diese Zeit genau das, was es braucht, um mit diesen Umständen klarzukommen." Ich möchte nicht immer nur herumnörgeln, ich möchte lieber lernen, in jeder Lebenslage zufrieden zu sein. Deswegen gebe ich dir auch *mein Ja* zur Zufriedenheit. Denn ich habe allen Grund dazu: Ich habe DICH! Und ich weiß, dass du mir treu bist und mich niemals verlassen wirst. So gebe ich dir *mein Ja* dazu, mich von dir verändern und mir diese Zufriedenheit schenken zu lassen. Das wäre wundervoll! Ich danke dir jetzt schon dafür! Amen.

51.

MEIN JA
ZU GÖTTLICHEN GEDANKEN

„Jesus Christus, meinen Herrn, zu kennen ist etwas so unüberbietbares Großes, dass ich, wenn ich mich auf irgendetwas anderes verlassen würde, nur verlieren könnte."
PHILIPPER 3,8 (NGÜ)

> Quote:
> „Wenn Jesus dein erster Gedanke ist, kann egal was an zweiter Stelle kommt, es verliert seine Macht!"

Was beherrscht deine Gedanken heute? *Was ist der Gedanke, der in deinem Leben am meisten Platz einnimmt?* Deine Antwort auf diese Frage wird dir zeigen, was dir wirklich wichtig ist. Ich weiß, es ist eine „gemeine" Frage, denn die wenigsten werden sagen: „Jesus ist immer mein erster Gedanke." Und du musst dich deswegen auch nicht schämen oder verstecken. Der Alltag hält uns einfach oft mit komplett anderen Dingen auf Trab. Mit Fragen wie: „Habe ich die Einkäufe erledigt? Ist das Essen gemacht? Wird mein Chef mitbekommen, dass ich noch nicht fertig bin? Wieso meldet sich keiner bei mir? Hoffentlich wird die Rechnung nicht so hoch! Wie viele Kalorien hat der Kuchen wohl?"

Das sind unsere alltäglichen Gedanken. Doch wenn Jesus unsere Gedanken VOR diesen Alltagsgedanken beherrschen würde, würden wir eine Leichtigkeit bekommen, mit der wir die nun an zweite Stelle gerückten Gedanken bekämpfen könnten: **„Ladet alle eure Sorgen bei Gott ab, denn er sorgt für euch"** (1. Petrus 5,7).

Der Psalmist David schrieb so oft, dass er viel über Gott nachgedacht hatte: **„Nachts auf meinem Lager denke ich an dich, stundenlang sinne ich über dich nach. [...] Von ganzem Herzen hänge ich an dir"** (Psalm 63,7+9; NGÜ). In diesem Moment befand sich David weit weg von zu Hause. Er hätte eigentlich „ganz andere Sorgen" gehabt, als über Gott nachzudenken. Doch er sehnte sich nach Gottes Gegenwart, denn er wusste, dass es schlimmer ist, weit weg von Gott zu sein, als weit weg von seinem irdischen Zuhause.

„Von ganzem Herzen hänge ich an dir." Wie sehr hängst du an Jesus? Beherrscht er deine Gedanken vor oder nach deinen Sorgen? Enttäuschungen und Frust sind so oft das Resultat aus der Einstellung: „Ich habe gerade keine Zeit zum Beten und kläre das lieber selbst." Weißt du, was ich meine?

Vielleicht sehnst du dich danach, geliebt und gesehen zu werden, respektiert und wertgeschätzt für die Person, die du wirklich bist. Vielleicht sehnst du dich aber auch danach, Sicherheit zu finden, frei von deinen Lasten zu sein oder endlich irgendwo anzukommen. Also rennst du Zielen, Dingen oder Menschen hinterher, die so reden und wirken, als könnten sie dir diese tiefen

Sehnsüchte erfüllen. Dabei merkst du gar nicht, wie viel Zeit und Kraft du verschwendest, indem du diesen Dingen hinterherrennst.

Jesus wartet geduldig an zweiter Stelle und denkt sich: „Ähm, ich hätte da schon lange die Lösung. Wann bin ich denn endlich dran mit Helfen?"

Wie sehen deine Prioritäten aus? Wenn Jesus dein erster Gedanke ist, kann egal was an zweiter Stelle kommen (Sorgen, Zweifel, Nöte), es verliert seine Macht! **„Überlass dem Herrn die Führung deines Lebens und vertraue auf ihn, er wird es richtig machen"** (Psalm 37,5; NLB). Bist du vielleicht in einer Beziehung enttäuscht worden und fürchtest die nächste Verletzung? Gerade dann ist es wichtig, Gott den ersten Platz freizuräumen! Paulus hatte in seinem Leben Furchtbares durchmachen müssen, doch von dieser Zeit sagt er: **„Aber das alles geschah, damit wir nicht auf uns selbst vertrauten, sondern auf Gott!"** (2. Korinther 1,9; NGÜ).

Es ist also Gold wert, wenn du aus der Enttäuschung der Vergangenheit lernst und Jesus zukünftig den Platz 1 überlässt!

1. Wem gehört der erste Platz deiner Gedanken?

2. Wie kannst du dir selbst dabei helfen, Jesus immer wieder den ersten Platz einzuräumen?

RÜCKBLICK:

3. Konntest du diese Woche zufriedener sein? Hat sich dein Fokus von der Bitte „Verändere meine Umstände" in die Frage „Was kann ich gerade lernen?" verlagern können?

GEBET:

Jesus, ich gebe dir mein Ja zu der Herrschaft über meine Gedanken, *mein Ja* zu deinen göttlichen Gedanken! Meine Gedanken sollen voll und ganz von dir durchflutet, ja, beeinflusst werden! Ich möchte dir gerne den ersten Platz in meinem Denken geben, weil ich weiß, dass es mir das Leben so viel leichter machen wird. Doch Fakt ist auch, dass ich das im Alltag leider noch so oft vergesse. Kannst du mich bitte immer wieder daran erinnern, gerade diese Woche? Ich möchte mir das wirklich antrainieren, denn du bist alles, was ich brauche! Ich habe dir mein Leben gegeben und heute gebe ich dir ganz bewusst auch den ersten Platz in meinen Gedanken! Amen.

52.

MEIN JA
ZU SEINER MEINUNG

„Aber trotz all dem
tragen wir einen überwältigenden Sieg davon
durch Christus, der uns geliebt hat."
RÖMER 8,37; NLB

Quote der Woche:
„Wir waren zum Scheitern verurteilt und sind nun
zum Siegen berufen!"

Welche Diagnose hat man dir gegeben? Ich habe mehrere Diagnosen in meinem Leben bekommen: „Magersüchtig. Essgestört. Depressiv. Missbrauchsopfer. Suizidal". Doch keine dieser Diagnosen war endgültig! *Ich bin nicht das, was mir passiert ist.* Denn ich habe mir eine zweite Meinung eingeholt – und dafür bin ich direkt zu meinem „Hersteller"! Denn selbst Ärzte und Psychologen haben ihre Grenzen. Mein Hersteller wiederum kennt mich durch und durch und hat schon vor jedem nächsten „Problem" die Lösung für mich. Mein Leben war rein menschlich gesehen zu 100 Prozent zum Scheitern verurteilt. Doch der Vers **„Nicht ihr**

habt mich erwählt, sondern ich habe euch erwählt" (Johannes 15,16) crasht jede menschliche Diagnose, die man dir ausstellen könnte!

Was wäre, wenn jedes „Scheitern" in deinem Leben Teil von Gottes Plan war? Ich will mit dir weit zurück in das Alte Testament gehen. Wenn du von Mose hörst, dann denkst du wahrscheinlich an einen großen, mächtigen Mann, der das Volk Israel befreite. Doch selbst über seinem Leben stand: „Er wird sterben", und das noch bevor er überhaupt auf der Welt war! Denn die Ägypter hatten Angst vor diesem israelischen Volk, das sich so schnell vermehrte, und so befahl der Pharao, jeden neugeborenen Jungen zu töten (vgl. 2. Mose 1,22).

Und genau da wurde Mose geboren. Seine Mutter versuchte, ihn zu verstecken, doch das gelang ihr nicht lange. So legte sie ihren Sohn in einem Korb auf den Nil. Wie durch ein Wunder wurde Mose von der Tochter des Pharaos gefunden und sie nahm ihn als ihren Sohn an – im Hause seines größten Feindes! Im Hause dessen, der ihn töten wollte!

Wie viele schlechte Gedanken und negative Gefühle wie Rache, Angst und Traurigkeit müssen sich in Mose breitgemacht haben, nachdem er Jahre später davon erfuhr. *Seine Diagnose lautete: „Leben im Hause des Todes". Doch dieser Diagnose gab Mose keine Macht.* Er wusste, wer er war! Er kannte und vertraute seinem „Hersteller" aufgrund seiner innigen Beziehung zu ihm! Denn er hatte noch nicht das Neue Testament, wie wir, in dem es heißt: **„Aber trotz all dem tragen wir einen überwältigenden Sieg davon durch Christus, der uns geliebt hat"** (Römer 8,37). Dennoch ahnte er bereits etwas von der göttlichen Überwinderkraft. Sein persönlicher Sieg war damals jedoch noch nicht sichtbar, es mussten noch einige Jahre vergehen, bis Mose ihn erleben durfte. Doch inmitten dieser allgegenwärtigen Gefahr entwickelte sich Mose zu einem starken Mann, weil er wusste, wer er war – und das umzingelt von Feinden, als einziger gottesfürchtiger Mann!

Mit dem Wissen über seine wahre Identität und die Macht seines Gottes konnte er die Macht seiner Diagnose zerstören. Denn er hatte sich eine zweite Meinung eingeholt und diese besagte: **„Ich gebe dir wieder Zukunft und Hoffnung!"** (Jeremia 29,11). Und von nun an hing Mose mehr an den Worten seines „Herstellers" als an jenen von all den Menschen aus seinem direkten Umfeld.

Es ist so wertvoll, sich Hilfe zu holen, doch lass dir niemals einreden, dass die Diagnose, die man dir gestellt hat, endgültig ist. Hol dir deine zweite Meinung ein, direkt bei deinem „Hersteller"! Lass Gott immer das letzte Wort in deinem Leben haben. Und sein Wort ändert sich nicht: **„Alles, was Gott uns gibt, ist gut und vollkommen. Er, der Vater des Lichts, ändert sich nicht; niemals wechseln bei ihm Licht und Finsternis"** (Jakobus 1,17).

Gottes vollkommenes Geschenk an dich ist das Versprechen eines siegreichen Lebens! Nimmst du dieses Geschenk an? Lässt du ihn deine Geschichte neu schreiben?

1. Welche (endgültige) Diagnose hat man dir gestellt?

2. Bist du bereit, dir eine zweite Meinung einzuholen – Gottes Meinung – und damit deine Geschichte neu zu schreiben? Wenn du alle heute benutzten Bibelverse liest, wirst du sehen, wie HOFFNUNGsvoll dein Fall ist!

RÜCKBLICK:

3. Wie erging es dir damit, Jesus auf den Platz 1 deiner Gedanken vorrücken zu lassen? Hast du es geschafft?

GEBET:

Jesus, am Ende dieses Buches und dieser Reise wird mir eines bewusst: Ich habe mir viel zu oft einreden lassen, dass es diese riesige Hoffnung nur für andere gibt! Heute gebe ich dir *mein Ja* zu deiner Meinung! Denn alles, was du denkst, willst und gibst, gründet sich auf Glaube, Liebe und Hoffnung. Und das ist alles, was ich brauche! Ich ersetze den alten „Diagnosezettel", das, was man über mich ausgesagt hat, durch deine Wahrheiten über mich und bin gespannt darauf, zu sehen, was du noch alles für mich vorbereitet hast! 52-mal habe ich in diesem Jahr Ja zu dir gesagt und ich möchte es immer wieder tun. Ich danke dir für dein Wirken in meinem Leben! Begleite du mich bis zum Schluss, bis wir uns endlich von Angesicht zu Angesicht sehen! Ich liebe dich. Amen.

Du bist es wert!

„Eine beeindruckende Kombination aus einer zutiefst persönlichen Geschichte, durch Leid gereiften geistlichen Ratschlägen und biblisch fundierten Wahrheiten."

Joyce-Redaktion

Sie, die die Öffentlichkeit liebt, wollte sich vor dieser verstecken. Mit all den Tränen und dem Herzschmerz, der Einsamkeit und den Selbstzweifeln. Doch mit diesem Buch wagt Déborah Rosenkranz den Schritt nach vorne. Sie gibt tiefe Einblicke in ihr verletztes Herz – und in Gottes Wort, das dieses Herz wieder heil gemacht hat. Ihr größter Zusammenbruch wurde zu ihrem größten Sieg. Dabei wurde die Bibel für sie zu einem augenöffnenden Wegbegleiter. Heute hat die Sängerin ihr Strahlen zurück – und ist stärker denn je.

Mit ihrer Geschichte macht sie Mut, sich den schmerzhaften Dingen im Leben zu stellen und daran zu wachsen. Ein Buch von Frau zu Frau

 Déborah Rosenkranz • Stärker denn je
Klappenbroschur • 224 Seiten • ISBN 978-3-95734-524-0